**KNAUR✱**

*Von Constanze Köpp sind bereits folgende Titel erschienen:*
Aufgeräumt denken
Aufgeräumt leben
Frannys Reise

*Über die Autorin:*
Constanze Köpp, geboren 1969, ist professionelle Hochzeitsredne-
rin. Als das »VORwort zum Jawort« traut sie Paare und gestaltet
individuelle Hochzeitszeremonien mit (www.verliebtereden.de).
Ihre beiden Inspirationsbücher »Aufgeräumt leben« und »Aufgeräumt denken« sowie die berührende Erzählung »Frannys Reise«
wurden vom Publikum begeistert aufgenommen. Constanze Köpp
hat zwei Töchter und lebt in Hamburg.

Constanze Köpp

# Sie haben vergessen, die Braut zu küssen!

### Wie der schönste Tag im Leben unvergesslich bleibt – Geschichten einer Hochzeitsrednerin

**Besuchen Sie uns im Internet:**
**www.knaur.de**

Originalausgabe Oktober 2019
Knaur Taschenbuch
© 2019 Knaur Verlag
Ein Imprint der Verlagsgruppe
Droemer Knaur GmbH & Co. KG, München
Alle Rechte vorbehalten. Das Werk darf – auch teilweise – nur mit
Genehmigung des Verlags wiedergegeben werden.
Redaktion: Ingola Lammers, München
Covergestaltung: ki 36 Editorial Design, München, Sabine Krohberger
Coverabbildung: Bettina Stickel
Illustrationen im Innenteil: redchocolate/Shutterstock.com
Satz: Adobe InDesign im Verlag
Druck und Bindung: CPI books GmbH, Leck
ISBN 978-3-426-79058-8

2  4  5  3  1

*Ich widme dieses Buch*
*den besten Paaren, Kollegen und Freunden,*
*die ich mir nur wünschen konnte.*

# Inhalt

# Vorwort

Skurriles, Bewegendes, Lustiges, Trauriges, Beschämendes …
Woche für Woche in der Hochsaison von April bis Oktober
eine neue Welt erleben. Erfahren. Bestaunen. Mitunter live
dabei sein, wenn Uschis Schleier reißt, der Bräutigam verschiedene Socken trägt oder Tante Ilses Spielidee das Stim-
mungsbarometer in den Keller stürzen lässt.

Dieses Buch soll Sie unterhalten. Zum Schmunzeln bringen,
Ideen geben und DEN Tag noch mehr zu dem machen, was
er sein soll: der schönste Tag im Leben. Ich sehe Sie in
schlaflosen Nächten danach greifen, während wundervolle
Bilder vor Ihrem inneren Auge ablaufen.

Lassen Sie mich Ihre Begleiterin auf Ihrer Planungsreise
sein, während Sie kaum noch an etwas anderes denken können und nachts vielleicht schon Albträume fürchten, in denen das Brautkleid brennt, die Gäste den Weg zur Location
nicht finden, der Trauzeugin die Haare ausfallen oder …

Viele meiner Bräute haben mir die verrücktesten Geschichten erzählt, die ich sogar in manche Rede einbauen
durfte. Wie schnell sie später drüber lachen konnten, nachdem natürlich alles reibungslos verlaufen war. Oder eben
nicht. Zumindest fast nicht …

# Heiraten und Hochzeit –
## ein großes Thema

»Kannst du wirklich über Liebe und Ehe schreiben, wenn du selbst doch nie … also … zumindest nicht geheiratet …?«

Stopp! Ja, ich kann! Und wie ich das kann! Ich könnte sogar über Schokolade schreiben, ohne welche hergestellt zu haben! Ich habe so oft vom Heiraten geträumt, bis meine Sehnsucht verblasste und erst wieder aufflammte, als ich Traurednerin wurde. Seitdem heißt es bei meinen Freunden: *»Samstag? Keine Zeit! Ich muss noch heiraten! Und die Woche darauf auch, und danach auch und auch und …«*

Viele meiner Paare könnten meine Kinder sein und sind mir doch um einiges voraus: Sie sagen JA zu ihrem Lieblingsmenschen, der mitunter ihre allererste Liebe war.

*To be the first love is great. To be the last one, even greater.*

Erstaunlich und berührend, wenn man weiß, dass es einfach keinen Vergleich mehr braucht.

Dieser unvergleichliche Zauber, der von all meinen Paaren ausgeht, wenn sie von sich erzählen. Genau diesen Zauber will ich spüren, diese Aura, die ein Paar umgibt, damit auch ich JA zu ihnen sagen kann.

Welch ein Geschenk, wenn ich sie trauen darf! Mir vertrauen sie sich an! Und weil es um die Liebe geht, kann ich gar nicht genug bekommen von Liebesgeschichten und Verliebten. Vom Schreiben bis in die Nacht hinein, um diesen Zauber zu Papier zu bringen.

Ich habe mir immer bestimmte Paare ausgesucht. Zwei, die wissen, dass sie füreinander bestimmt sind, die die Liebe verstanden und sich einem anderen absolut geöffnet haben. *Der Kleine Prinz* würde sagen: Man hat sich *gezähmt,* und deswegen ist man nun einzigartig füreinander!

Gute und schlechte Zeiten gemeinsam aushalten, zusammen (er)wachsen und alt werden zu wollen – in der heutigen Zeit voller Unsicherheiten ist das wohl das schönste Geschenk.

Liebe ist ein Jungbrunnen, der aus uns Menschen Alberne und Kinder und aus Mädchen kleine Prinzessinnen machen kann. Liebe verwandelt die Welt in ein wahres Paradies!

Ob ich neidisch auf meine Paare bin, werde ich manchmal gefragt. Niemals! Für mich bedeuten sie Freude, Segen, Hoffnung. Und weil ich ihnen mit Dankbarkeit und Herzlichkeit begegne, empfinde ich ihr Glück als ansteckend.

Kein Mensch ist gern allein. Ich habe nie jemandem Glauben geschenkt, der behauptete, für immer allein bleiben zu wollen. Wer jemals glücklich liebte, wünscht sich, immer wieder von diesem kostbaren Nektar zu kosten.

Steckt nicht in jedem Menschen eine Sehnsucht, gar ein Brennen? Wer behauptet jetzt noch, er würde sich wehren, wenn es ihn wieder »erwischte«?

Nun also ein weiteres Buch zum Thema Hochzeiten, als wäre der Markt nicht satt genug … Keinesfalls – er ist so hungrig wie die Bräute, die während ihrer Vorbereitungszeit vom Thema Hochzeit nicht genug bekommen können. Und deshalb lautet die Antwort: JA! Und noch mal JAAA! Doch keine Sorge: Dieses Buch ist kein klassischer Ratgeber, von denen es schon viele gibt. Eher eine Tüte Buntgemischtes mit ein paar Überraschungseiern. Damit Sie von den Erfahrungen anderer Paare profitieren.

Wir Dienstleister sollten unsere Arbeit lieben, auch dann noch, wenn nicht alles reibungslos über die Bühne geht. Eine Hochzeit zu planen bedeutet auch immer, sich etwas im Ausnahmezustand zu befinden, Anspannung, Erwartungshaltung und Druck. Man fiebert ängstlich und überfordert, voller Panik und Stress dem großen Tag entgegen, kommt an seine eigenen und teils an noch unbekannte Beziehungsgrenzen. Wie machen es nur all die anderen, die immer noch gelassen, entspannt und voller Vertrauen wirken? Ich verrate es: Wie immer im Leben ist es eine Frage der Haltung! Die einen überkommen Glückswehen und Schmetterlingsorgien, die anderen leiden unter Bauchweh, Übelkeit und Erbrechen, hervorgerufen durch zu viel Pessimismus und Druck.

Wie stand es vor Kurzem in einem Internetpost?

»[…] Ich bin echt fertig mit den Nerven und freue mich gerade mehr darauf, wenn wir die Hochzeit hinter uns haben. Geht es wohl anderen genauso?«

Die Verlobungszeit zwischen Antrag und Jawort stellt oft eine Herausforderung dar, nicht selten auch für Freunde, die Familie, das Paar – und sogar für manchen Dienstleister. Doch immer lernt man auch dazu, wächst über sich hinaus und kommt im besten Fall einander noch näher. Traurig, wer erfahren musste, dass so manche Freundschaft dieser Zeit zum Opfer fiel.

*»Conni! Vergiss den Kontakt zu meiner Trauzeugin, ich habe keine mehr!«*

Je mehr Anspannung und Erwartungshaltung auf uns lasten, desto mehr trübt es die Vorfreude. Eines Tages erreichte mich der Anruf eines Pärchens, der mein Blut ziemlich in Wallung brachte:

*»Conni, wir ... wir trennen uns! Es tut uns wahnsinnig leid, aber die Hochzeit fällt wohl aus!«*

Oh, Gott, da waren zwei aus allen Wolken gefallen. Gerade war ich so vertraut mit der Geschichte meiner beiden, weshalb ich umso irritierter war. Viele Hürden hatten diese zwei schon gemeistert, und jetzt, so kurz vorm Ziel, das Aus?

*»Fahrt weg! Für eine Auszeit und jede Menge Zweisamkeit! Ihr wolltet 15 Jahre Liebe und Zusammenhalt krönen – das werft ihr jetzt nicht weg! Kommt nicht infrage!«*

Knapp eine Woche später bekam ich Fotogrüße von Füßen im Sand. Endlich hatten sie Zeit und Abstand, um sich auf das zu konzentrieren und zu besinnen, worum es wirklich ging: allein um sie! Um ihre Liebe! Ihr Fest! Ihren Traum – nicht den der anderen. Nachdem sie das Zepter zu sehr aus der Hand gegeben hatten, erfuhren sie mehr Frustration als Inspiration. Einmischungen aus allen Richtungen – bis ihnen die Lust aufs Feiern fast vergangen war. Und auch schon auf sich selbst. Um fünf vor zwölf hatten sie endlich die Reißleine gezogen!

*»Conni! Wir sind zurück. Ist alles wieder gut. Möchtest du uns noch?«*

*»Ich habe euch nie nicht gewollt, ihr passt so gut zusammen! Doch wenn ihr das noch einmal macht … Wir haben noch genau drei Wochen!«*

Dann haben wir gelacht.

*A wedding is a party, not a performance.*
*If at the end of the day you are married to*
*the one you love*
*then everything went perfect!*

Dass aber natürlich leider nicht jede Story ein Happy End hat, wusste mir eine Kollegin zu erzählen:

»Morgens 10 Uhr. Ich richte mich im engen Schlafzimmer des kleinen Reihenhauses der Brauteltern ein. Von draußen dringt reges Stimmengewirr aus dem Garten nach oben. Zusammen mit Braut samt Tante kämpfe ich im kleinen Raum um jeden Millimeter Platz, während ein Angetrunkener nach dem anderen hereinplatzt und ich bemüht bin, Haar und Kleid meiner süßen Braut zu beschützen. Statt Parfüm vernebeln Frühschoppen-Fahnen das Zimmer.

Ich beobachte, wie meine Braut zunehmend stiller wird. Als sie den Toilettengang in ihrer Robe noch mal üben will, packe ich meine Sachen zusammen, entdecke aber aus dem Augenwinkel ihre Silhouette hinter einer Riffelglastür. Kurz darauf ertönt der Schrei des Brautvaters im Erdgeschoss, der rund 30 Gäste neugierig ins Haus gelockt hatte. Schock! Die Braut war weg – samt Auto! Ich verabschiede mich und fahre noch eine ganze Weile durchs Dorf, in der Hoffnung, meine Braut zu entdecken. Was für ein Film!

Später erfuhr ich, dass sie die Trauung platzen ließ und schon am Montagmorgen ihre Ehe annulliert hat! Ich habe nie erfahren, was sie dazu getrieben hat.«

Stress oder Aufregung? Beides sorgt für Herzklopfen – doch darf das WIR-Gefühl gerade jetzt nicht verloren gehen, denn davon ging alles aus! Hier liegen Anfang und Ende. JA! ICH WILL! DICH! Und zwar je näher der Termin rückt! Frust- statt Freudentränen sind der Killer, zu viel Tamtam und Einmischungen von außen. Schön, wenn man von Freunden umgeben ist, die immer ein wachendes Auge aufs Paar haben und erkennen, wann es sich verliert. Toll, wie so mancher Freund sogar Schlimmeres verhindern konnte.

## WER GENAU HEIRATET NOCH MAL?
## WER STEHT EIGENTLICH IM MITTELPUNKT?

Fragen, die Paare sich stellen sollten, wenn das Liebesbarometer sinkt. Oder einer nur im Himmel schwebt und die Bodenhaftung verliert, oder das Umfeld viel aktiver ist und weiter plant als das Brautpaar selbst. Es ist NICHT das Fest der anderen! Auch wenn man sie dabeihaben will, um zu feiern.

Also: Lassen Sie sich niemals einengen oder überfahren. Übertragen Sie aus freien Stücken Aufgabenbereiche an Freunde, Mütter oder Profis. Aber nur, wenn Sie zweifelsfrei darauf vertrauen können, dass sie in Ihrem Sinne handeln.

Im Grunde richtet sich das Buch nicht nur an Sie, die Weg und Ziel noch vor sich haben, sondern auch an jene, die im Moment (noch) von all dem nur träumen. Und natürlich auch an Dienstleisterkollegen. Jeder, der sich danach sehnt, sollte einmal den sicher geglaubten Hafen der Ehe ansteuern dürfen.

Traurednerin ist der schönste und erfüllendste Job der Welt. Ich bin umgeben von Verliebten und ausnahmslos glücklichen Menschen, die ich ein großes Stück des Weges begleiten darf. Ich mache aus einem Paar ein Ehepaar. Der rein formelle Schritt beim Standesamt ist für viele nur bürokratischer Papierkram. Selten kann man hier von einer emotionalen Zeremonie sprechen. Bei meiner Freien Trauung gibt es sogar eine Schwelle, hinter der die Lieblingsmenschen jubeln. Menschen, die mein Paar hoffentlich ihr Leben lang begleiten werden. Und in guten wie in schweren Zeiten Seite an Seite mit ihm stehen.

Doch bevor die Gäste später auf den Tischen tanzen, sich der Brautstrauß im Kronleuchter verfängt, Tortenstücke heimlich im Müll statt im Magen landen, bin ich längst wieder weg und habe das Feld den Kolleginnen und Kollegen, den Dienstleistern überlassen. Mit vielen sprach ich über ihre Erlebnisse, und so konnte dieses Buch entstehen.

Bei regelmäßigen Dienstleistertreffen erfahre ich Erstaunliches, Berührendes, auch Peinliches. Wir lernen vom offenen Austausch, und nicht selten wünschen wir uns, manches nie gehört zu haben, weil es doch hätte vermieden werden können, wenn entweder Profis oder ausnahmslos Menschen mit mehr Herzblut ans Werk gegangen bzw. Unvorhergesehenem souveräner begegnet wären.

Ich liebe meine Paare und trage die volle Verantwortung für meine Arbeit mit ihnen und natürlich das Ergebnis. Die Gäste sollen sich wohlfühlen. Ich wünsche mir ein aufmerksames, wachsames, gespanntes und neugieriges Publikum, das lacht, berührt ist und auch weint. Und im besten Fall nehmen sie auch etwas für sich selbst mit, obwohl es nicht ihre Geschichte war.

Mancher Weg zum Ziel war lang, wenn mich ein Paar schon weit über ein Jahr zuvor gebucht hatte. Je näher der Tag rückt, desto intensiver die Arbeit, die viel Nähe geschaffen hat. Fast schon Freundschaftliches. Manchmal fühlte ich mich gar wie eine »Mutti«, die beruhigen und Händchen halten kann. Mein Ohr ist ihnen immer sicher, falls Freunde schon des Themas Hochzeit überdrüssig sind.

Bin ich gerade nicht als Rednerin gefragt, dann auch als Sorgenfresserchen, Ängste- und Panikauflöserin, Nervenkostümbüglerin, Muse, Muntermacherin, Tippgeberin und Vorfreudeverstärkerin. Und noch am großen Tag geht's weiter: als Händchenhalterin, Fliegezurechtzupferin, Aufbauerin, Begrüßerin, Schulterklopferin und – selbstverständlich – Plan-B-Finderin (A+ klingt schöner) und Trösterin, wenn Unvorhergesehenes dem perfekten Ablauf einen Strich durch die Rechnung machte. Oh, diese launischen Wettergötter, die ein fieses Spielchen mit uns trieben, die Wetter-App, die uns auf den Arm nahm, oder sogar ein Dienstleister, der seinen Weg nicht pünktlich – oder gar nicht – zur Location fand.

Wir Redner, wir Dienstleister, sind Verbündete von A (Anfang) bis Z (Ziel)! Ist eine Weddingplanerin mit an Bord, ist der Radius meiner Aufmerksamkeit kleiner und primär auf meinen Trautisch und ein paar besonders wichtige Gäste gerichtet. Was aber niemals kleiner wird, das ist die Vorfreude, in Kürze eine wunderschöne Braut zu umarmen und dem Paar zu gratulieren.

Und jetzt heißt es: Vorhang auf für ein hoffentlich auch für Sie unterhaltsames Buch mit dem Versprechen, dass Sie sich nach der Lektüre noch mehr auf Ihre Hochzeit freuen oder Sie gerade noch rechtzeitig bestimmte Punkte auf Ihrer Liste ergänzen, überdenken oder gar verwerfen konnten.

Es ist vollbracht! Mein Dank gilt wieder meinem Lektor, meinem Verlag und meiner Agentin, die mein Brennen gehört, erneut an mich geglaubt und alles in die Wege geleitet haben.

Liebe Leser, ich wünsche Ihnen gute Stunden mit mir, während Sie umgeben sind von Liebe im Überfluss.

PS: Ob verliebt, verlobt, bereits verheiratet – mir brennt noch etwas auf der Seele. Es könnte wehtun, wenn Sie es falsch verstehen, doch Sie erfreuen, wenn Sie wissen, was ich meine. Deshalb habe ich dieser Sache einen eigenen Abschnitt in diesem Buch gewidmet; lesen Sie bitte gleich auf der nächsten Seite weiter:

# Der Tag der Hochzeit
# ist nicht der allerschönste Tag
# in Ihrem Leben!

Peng! Wie finden Sie das? Hätte ich das Wörtchen »nicht« gestrichen, hieße das:

»Also, nach der Trauung, ihr wisst schon – da kann es nicht mehr schöner kommen, weil euer allerschönster Tag bereits vergeben ist!«

Das heißt es aber nie bei mir, sondern immer:

»Denn nun werden noch viele allerschönste Tage folgen.«

Setzen Sie öfter mal die rosarote Brille auf und seien Sie »Pippi Langstrumpf«. Es wird aber immer auch Tage voller Prüfungen, Stress, Ärger und Angst geben. Doch am Ende hatten auch diese Tage ihren eigenen Zauber und sorgten dafür, dass unsere mentalen Muckis wuchsen!

*»Conni, ist nun wirklich schon alles vorbei? Ich kann es nicht fassen, ich werde die Zeit, die Arbeit und dich ganz schrecklich vermissen!«*

*»Oh nein! Ab jetzt geht's doch erst richtig los – nach der Trauung ist vor der Ehe, und in zehn Jahren frischen wir alles noch mal auf. Und macht ihr vorher Babys, begrüßen wir den Nachwuchs mit einer Willkommensfeier! Und wenn ihr Lust auf Törtchen habt – mein Haus steht euch doch immer offen!«*

Der Abschied ist mitunter sehr bewegend. So trage ich die schönsten Liebesgeschichten in meinem Herzen, doch zu jeder gehört eben auch immer ein Abschied. Kein Paar ersetzt das andere, jedes ist immer das schönste. Auch nach der Trauung vergesse ich meine Paare nicht. Ich frage mich oft, wie sie heranreifen, ihre Ehe sich entwickelt und ob sie noch genauso glücklich sind, wie ich sie vor Augen habe. Ich schaue mir ihre Fotos an, spiele die Filme ab, die sie mir schickten, lese ihre Karten und kleinen Briefe, nehme die kleinen Geschenke und mein Diebesgut (Blüten, Taschentücher, Fahnen) aus der Kiste in die Hand. Ich hoffe, dass sie noch immer in dieselbe Richtung blicken und in manch dunkler Zeit an ihr Versprechen denken.

*»Wenn unser Sohn in ein paar Jahren heiratet, kommst du wieder, ja?«*

JA! Auch die nächste Generation zu trauen, wäre mir Fest, Vergnügen und Ehre zugleich!

# Wie ich Traurednerin wurde

Bevor es losgeht, kurz noch etwas zu der Frau, die dieses Buch geschrieben hat.

Es war einmal ... ein Mädchen mit vielen Träumen.

Aber das Wünschen hatte nicht gereicht. In über vier Jahrzehnten hatte mein Leben zwar eine Menge Geschichten geschrieben, aber von der Märchenwelt aus Kindertagen war nichts übrig geblieben. Heute bin ich glatte 50, und meine Zuversicht ist grenzenlos! Das Leben ist kein Zuckerschlecken und kein Ponyhof? Natürlich ist es das – und es ist voller Überraschungen!

Ich wusste bereits früh, was ich mal machen wollte: Wohnräume gestalten, Bücher schreiben und Menschen glücklich machen. Ich wollte unbedingt *mit* und *für* sie arbeiten, Zufriedenheit und Glück ankurbeln!

2005 gründete ich mein erstes Unternehmen (»Wohnkosmetik«), hatte die Ketten der ersten Festanstellungen gesprengt und mich voller Ideen auf einen neuen, unbekannten Weg gemacht. Zwar hatte ich weder Zeugnisse, Abi, Lehre, Studium noch andere Abschlüsse, doch dafür war ich Feuer und Flamme für meine Idee.

Nach zehn Jahren feierte ich Firmenjubiläum und legte eine Pause ein. Ich bemalte Leinwände, von morgens bis abends, und ich gab sie in die falschen Hände. Nach einem Jahr hatte ich mir bis auf sechs Leinwände alle zurück erkämpft!

Auf zu neuen Wegen, wie sie spannender nicht hätten sein können! Wie ein Phoenix aus der Asche war ich wieder auferstanden! Plötzlich war der perfekte Zeitpunkt für meine jetzige Herzblutaufgabe gekommen.

Reden. Schreiben. Reden schreiben. Über Nacht hatte ich also die nächste beste Entscheidung meines Lebens getroffen und setzte sie innerhalb von einer Stunde um: »verliebtereden – das Vorwort zum Jawort!«

*»Aber Conni! Wie können Reden denn verliebt sein?«*

Im Rückblick war es wohl ein Schlüsselerlebnis, das unbewusst die Saat gestreut hatte. Auf der Hochzeit einer Freundin 2008 hörte ich zum ersten Mal eine Freie Traurednerin und war komplett geflasht.

»Was für ein Traumjob!«, hatte ich der Rednerin vor ihrem Abschied noch gesagt, nicht ahnend, wie wertvoll solche Feedbacks für den Redner sind, wertvoller als jeder Scheck.

Und heute? Knapp elf Jahre später ist jene Rednerin eine liebe Kollegin, mit der ich mich regelmäßig bei Zimtschnecken und Zucchininudeln über unseren gemeinsamen Traumjob austausche!

Seine Feuertaufe wird wohl kaum ein Redner je vergessen. Mein Dank gilt einer Weddingplanerin, die mich zu einem ihrer Paare mitgenommen hatte.

»Ihr seid meine Ersten!«, hatte ich die beiden angestrahlt. Dann folgten Stille und ein bedächtiges Zubodenschauen. Ich traf mich damals also lediglich zum »Stimmt die Chemie«-Gespräch, forderte Stoff zur Geschichte ein und erschien erst wieder am Tag der Trauung. Richtig schade. Wenn sie wüssten … wie viel besser ich heute arbeite!

Die Trauung auf 'nem Bötchen auf der Elbe war fantastisch und hatte mich komplett verzaubert. Zum Abschluss ließ ich alle »I am sailing« von Rod Stewart singen. Ich kriege eine Gänsehaut, während ich das schreibe.

Es folgten weitere zwei Trauungen, nach denen ich meine Probezeit für beendet erklärte. Unbeirrt und überzeugt hatte ich das nächste Ziel ganz klar vor Augen: Bekanntheit und Erfolg. Am besten schnell. Und da ich keine 20 mehr war, sah ich mich bereits als älteste Rednerin auf dem Markt, als »Kult-Trau-Omi«.

»Was, die ALTE traut euch?«, soll es aber niemals heißen, sondern:

»Ihr habt 'ne Trauung mit DER Kult-Rednerin bekommen?!«

Sie denken, was ich denke? Gut! Wir haben beide recht, doch etwas Größenwahn tut überhaupt nicht weh!

»Die erste Rede kann man wirklich nicht vergessen. Zitternd wie Espenlaub musste ich das Mikro zweihändig halten und trat von einem Fuß auf den anderen. Sobald ein wenig Wind die Seiten aufzuschlagen drohte, war ich kurz vorm Nervenzusammenbruch. Zwei Hände waren einfach zu wenig!«

Ich muss an einen kleinen Unfall denken, am Tag einer Trauung mit Gondel, Pavarotti über Lautsprecher, rotem Teppich und einer Gästeschar voller Großunternehmer. Mir waren knapp zehn Minuten geblieben, um die Nase zu pudern und den Sitz meines Haardutts zu checken. Ich kam gerade durch die Klotür in den Vorflur, als ich gegen den – zuvor wohl verschobenen und nun quer liegenden Eisenstangenarm der Garderobe knallte. Wenn ich bislang nur Sterne aus der Nacht kannte – jetzt tauchten sie von überall vor meinem Auge auf! Innerhalb weniger Minuten wuchs ein Horn auf meiner frisch gepuderten Stirn. Kurz darauf trat ich vors Mikrofon und konnte es nicht lassen, kurz auf meine Beule hinzuweisen. Perfekter konnte mein Einstieg nicht beginnen als mit Gelächter und mitleidigen Blicken.

2017 hatte der Trauredner-Boom dann auch bei mir eingeschlagen. Freie Trauzeremonien galten als ideale Alternative zur kirchlichen Trauung. Ein Himmelstor hatte sich aufgetan, ein Feuerwerk der Glückseligkeit! Auch wenn heute gefühlt jede Woche neue Redner ihre Dienste anbieten, ist das kein Grund zur Verunsicherung. Wer nach nur kurzer Zeit das Handtuch wieder wirft, hat diese Tätigkeit klar unterschätzt. Nicht, weil die Konkurrenz so groß ist, sondern weil man nicht verstanden hat, was diese Tätigkeit einem abverlangt. Für viele daher nur ein Nebenjob, für mich und andere Kollegen ein Vollzeit-Herzblut-Job, mit dem wir unser Leben finanzieren.

Workshops, Schulungen und Seminare locken neugierige Gemüter. Ob jedem Teilnehmer vorher klar ist, welche Grundausstattung man als Redner braucht? Mit Sicherheit nicht, doch solange unsere Tätigkeit derart boomt, ist die Nachfrage, geschult zu werden, ebenfalls groß.

*»... und danach seid ihr Trauredner, ist das nicht toll?«*

Ich bin ein wenig kritisch gegenüber solchen Ansagen auf den Websites. Trotzdem können Workshops informativ und spannend sein, den nötigen Feinschliff bringen, erfrischen und begeistern, manchmal aber auch ernüchtern. Am meisten lernen wir natürlich durch Erfahrung und den regelmäßigen Austausch mit Lieblingskollegen.

Postet ein Redner, er sei für die nächsten zwei Jahre bereits ausgebucht, treibt das auch mir etwas Schweiß auf die Stirn – bis ich genauer hinschaue und seine Einsatzzahlen verstehe. So ist bei dem einen Redner schon nach 15 Trauungen das Limit erreicht, während ein anderer erst nach 30 allmählich zufrieden ist. Und wenn sich ein Dienstleister mit zwei bis drei Trauungen am selben Tag brüstet, kräuseln sich meine Nackenhaare bereits beim Lesen solcher Rekordmeldungen. Nicht selten fragen mich Paare, wie viele Zeremonien ich an ihrem Hochzeitstag noch durchführen würde.

*»Wie bitte? Ich verstehe eure Frage nicht!«*, lache ich und meine, diese Antwort sagt schon alles.

Die Freie Zeremonie – unerlässlich oder überbewertet? Mir darf man diese Frage gar nicht stellen, weiß ich doch schließlich mehr als jene Paare, die noch überlegen und plötzlich feststellen, mit welchen Kosten man bei einer Hochzeit rechnen muss.

»Für rund 45 Minuten so viel Geld?«

JA! Auf jeden Fall!

Wenn Paare diese Frage stellen, werden gerade neue Anbieter auf dem Markt bisweilen unsicher. Doch wir reden vom Highlight einer Feier, das einmalig ist – wie auch das Paar. Wir reden nicht von einer Party, wir reden von einem Fest mit einem Thema. Doch wie immer im Leben geht es um die einen, die sich das leisten können, und andere nicht. Sparsamkeit, Großzügigkeit und Geiz – hinter jedem dieser Begriffe finden sich Menschen. Nicht selten ist es eine Frage der Haltung. Ich persönlich musste mich in all den Jahren auf keine Diskussion einlassen.

Ich locke nicht mit Preisen. Preis ist Preis, und Wert ist Wert. Meistens hat ein Wert auch seinen Preis, aber nicht jeder Preis hat seinen Wert.

Wonach messen sich Preis und Wert? Wert war etwas, wenn man vergisst, welchen Preis man dafür zahlte.

Ich denke an Mitbewerber, die ihren Fokus auf besonders kreative Rituale während der Zeremonie legen. Sie lassen Bäumchen pflanzen, Handrücken in Beton gießen, Türme aus Hölzern bauen, Städte aus Lego stecken, Rätsel lösen. (Ein Redner soll einem Bräutigam, einem Denker und Tüftler, einmal ungefragt derart schwere Aufgaben während der Zeremonie gestellt haben, dass der vor lauter Aufregung keine einzige beantworten konnte. Ein No-Go, jemanden derart vorzuführen.) Ich bin nicht gerade kreativ, was verspielte

Rituale angeht, aber bestimmte Sätze aus der Rede (»Schatzi ist süchtig nach Ü-Eiern«) werden gern durch kleine Gesten lustig untermalt (dann zaubere ich das Ü-Ei unterm Tisch hervor).

Rituale und Spiele hin oder her, für mich steht und fällt die Trauung mit dem Herzstück, der Rede. Der Geschichte des Paares. Was nützen der am schönsten dekorierte Trautisch, die fantasievollsten Rituale, wenn man weder durch Stimme und Gestik noch Sprache beim Hauptteil brillieren kann! Mich faszinierte schon früh im Leben das Handwerk eines Redners, begeisterten mich seine Werkzeuge, mit denen er bei der »Performance« beeindruckte.

Nachdem 2017 die Anfragen meine Erwartungen weit übertroffen hatten, kam ich nicht darum herum, mir meine kleine Crew aufzubauen. Ich wollte kein Paar mehr wegschicken, wollte ohnehin nur noch Geschichten schreiben. Ich wollte unbedingt hauptberufliche Traurednerin sein! Mit einer meiner besten Freundinnen (seit 30 Jahren) fing's an, gefolgt von einer weiteren Freundin (seit 35 Jahren) und einer großartigen Schauspielerin hatte ich das Bötchen schnell besetzt – und mein Plan schien aufzugehen! Ich blieb die Verfasserin der Reden, doch meine Perlen, drei wundervolle Frauen, führen die Zeremonien durch. Bis heute gab es nur ein einziges Paar, das alles aus einer Hand haben wollte, so kam es nicht zum Abschluss.

Wann immer wir am selben Tag im Einsatz waren, konnte ich den Austausch danach kaum erwarten. Die Idee funktionierte, und alle waren happy. Was will man mehr?

Jeder Redner entwirft sein eigenes Konzept, von dem er sich wünscht, damit begeistern und Aufträge generieren zu können. Man sollte dabei nicht auf andere blicken, denn es geht um Originalität und Authentizität. Die einen haben Sprechzeiten, die anderen sind immer ansprechbar – was auch auf mich zutrifft. 7/24, auch wenn kein Paar das je ausgenutzt hat. Meine Paare könnten sich noch so sehr anstrengen, sie könnten mir beim besten Willen nicht auf die Nerven gehen. Wenn ich zu ihnen JA gesagt habe, dann gilt das uneingeschränkt. Ich liebe meine Arbeit mit ihnen viel zu sehr.

Mittlerweile kann ich sagen, dass ein roter Faden erkennbar ist. Ich ziehe keine nervigen, geizigen, negativen und anstrengenden Menschen an. Ich entscheide mich für Paare, mit denen ich sogar privat gern Käffchen trinken würde. Mich muss ihre Ausstrahlung faszinieren, ich will ihr JA, ihre Liebe zueinander spüren. Und den Begriff »Überstunden« kenne ich nicht – ich spreche sogar über Themen, die nicht immer mit ihrer Hochzeit zu tun haben. All inclusive!

Der Startschuss zur gemeinsamen Arbeit beginnt im Jahr der Hochzeit. Dann bekommen die Paare ihre Hausaufgaben – egal ob die Hochzeit im April oder im Oktober stattfindet. Es gibt ziemlich ungeduldige Paare, die gern so früh wie möglich etwas in den Händen halten und sich schon mal vertraut machen wollen. Vorgewarnt, dass unsere Arbeit intensiv sein wird, sie richtig mitarbeiten müssen, hatte ich sie schon beim Kennenlerntreffen. Raten Sie mal, wer von beiden mir diesen Satz am schnellsten ins Gesicht stöhnt:

*»Oh, Conni, nein! Ich kann doch nicht schreiben. Ich arbeite auch viel, ich … schreibe ja noch nicht mal mehr Liebesbriefe …!«*

Ich weiß! Ich signalisiere kurz Mitleid, weise auf Kollegen hin, die weniger »quälen«, und habe sie am Ende doch im Netz. Meine Paare sollen sich wirklich mit ihrer Geschichte auseinandersetzen.

Die Alternative, der Klassiker, wäre das Drei-Stunden-Kränzchen, bei dem ich einen Block vollschreibe und die beiden dann von weiterer Arbeit entbinde.

So hat jeder Redner sein eigenes Konzept. Über ihre Geschichte will ich mit beiden zugleich nicht sprechen. Lieber über den Ablauf der Zeremonie, über Wünsche, Erwartungen, Hoffnungen und Träume.

Ich behandle Kunden wie Freunde und Bekannte. Außerdem steckt in mir eine kleine Psychotante, die es liebt, Menschen an ihre Grenze zu bringen, mit ihnen zu fliegen und sie immer wieder aufzufangen. Und das stets mit einem Ziel vor Augen: das, was sie am Ende gewinnen werden.

*»Ihr werdet zum ersten Mal Geheimnisse voreinander, für eine gewisse Zeit Tabuthemen haben. Solltet ihr schummeln, bekommt ihr trotzdem eine wundervolle Trauung, bringt euch allerdings um den besonderen Effekt, sich vollkommen überraschen zu lassen …«*

*»Nein! Niemals! Zur Not richten wir Passwörter ein!«* Herrlich!

Ist der Buchungskalender gefüllt, blicken wir schon auf die Werbezeit für die nächste Saison. Treffen, Empfehlungen, Messen, Werbeanzeigen, Punkten gegen Mitbewerber etc.

In dieser Branche überlebt man, wenn man sich auch für andere freuen kann. Wichtig ist, sich nach jedem Schnuppertreffen liebevoll zu verabschieden, ob es nun gepasst hat oder nicht. Es gibt ungeschriebene Gesetze, wie in jeder Branche, und wer überleben will, sollte sie beherzigen. Kein Neid! Keine Wertung! Keine Falschheit! Kollegialität zahlt sich am Ende immer aus. Meine Partner können sich immer für den anderen freuen – ich verabschiede auch jedes Paar mit einer Umarmung, selbst wenn ich spüre, dass wir nicht wirklich gut zusammenpassen. Der Eindruck, den man hinterlässt, kann Teil deiner Werbung sein. Man muss dich nicht buchen, um sich trotzdem gern an dich zu erinnern! Spannend ist wohl jede Begegnung mit verliebten Paaren, wenn auf beiden Seiten Begeisterung aufeinanderprallt.

Früher traf ich meine Paare zum ersten Treffen in meinem Stammcafé an der Ecke, heute lade ich sehr gern zu mir nach Hause ein. Wo man sich selbst am wohlsten fühlt, kann man vielleicht am besten punkten.

Sollte mich ein Paar jedoch zu sich nach Hause bitten, weil es für den Nachwuchs besser ist, dann freut mich diese Abwechslung natürlich auch, wenn ich nicht die Stadt dafür verlassen muss. Allein schon, weil mich Räume ja so faszinieren.

Es sind diese Nuancen bei den Vorgesprächen, die darüber entscheiden, dass Nettigkeit allein natürlich nicht der Treiber ist. Überzeugung ist eine Sache des Bauches. Wenn's schon beim Reden kribbelt, weil der Funke überspringt.

Ich empfehle nicht nur meinen Paaren, sondern auch meinen Kollegen, immer auf den Bauch zu hören! Jedes Paar soll seinen Redner finden und jeder Redner sein Paar.

Wenn ich die Schatzkiste der Erinnerungen aus all den Jahren öffne, möchte ich sie alle eines Tages an eine große Tafel setzen und eine Dankesrede halten. Ihnen sagen, dass sie die besten Paare waren, die ich mir als Rednerin nur wünschen konnte. Paare, zu denen ich immer wieder JA sagen würde! Jedes einzelne trug dazu bei, dass ich gewachsen bin, dass es »verliebtereden« so lange gegeben hat und ich mir meinen Traum erfüllen konnte.

Apropos Vertrauen und Intuition … Zwei Mal wurde ich direkt am Telefon gebucht, weil ein persönliches Treffen nicht möglich war. Die Zeit war knapp und die räumliche Distanz uns zu groß für einen Schnupper-Kaffee.

Gespräche am Telefon sind ziemlich intensiv. Die Stimme ist der Ausdruck der Seele – das wichtigste Werkzeug und einer der überzeugendsten Faktoren für Buchungen.

Vor dem Gespräch ist nach dem Blick auf die Homepage – das schönste Infoportal über den Dienstleister. Eben weil Paare gern eine Vorauswahl bei Anbietern treffen, wenn nicht gerade Empfehlungen von Freunden vorliegen. Je informierter das Paar zu einem Treffen kommt, desto unwahrscheinlicher die (böse) Überraschung. Doch bevor es zu einer Begegnung kommt, schlage ich nach einer Anfrage ein erstes Telefonat vor. Zeit ist zu kostbar, weshalb ein Gespräch von Ohr zu Ohr zunächst ganz sinnvoll ist.

Noch kurz ein Punkt zur Homepage: Wie viel man von sich preisgeben sollte, darüber streiten sich die Geister. Rückmeldungen bestätigen, wie hilfreich die Fülle an Input sein kann:

Eindrücke zur Schreib- und Ausdrucksweise, zu Stil, zu Referenzen, zum Honorar und – bei Rednern – natürlich über die Stimme. Es lebe die Transparenz!

Dienstleister ohne Firmenseite sind heute eher Ausnahmen. Bei Rednerkollegen frage ich mich manchmal, warum sie wertvollen Platz auf ihrer Seite verschenken, um erst einmal ausführlich eine Freie Trauung zu erklären. Ich bilde mir weiterhin ein, dass jedes Paar schon weiß, dass wir kein Standesamt ersetzen!

Sobald ich einen Ordner für ein Paar eingerichtet habe, giere ich nach Informationen. Ich muss noch immer lachen, wenn ich an einen Bräutigam denke, der pro Frage genau einen Antwortsatz geschrieben hatte:

*»Hey! Hätte ich nur deine Infos, wären wir in sechs Minuten mit der Rede fertig – welch absoluter Rekord! Wenn deine Frau das wüsste …«* Er musste also nachsitzen und bekam noch die Kurve. Manchmal braucht es eben eine liebevolle Aufforderung zum Verständnis, worum es bei der Rede geht. Und Akzeptanz, das Einlassen auf neugierige Fragen von einer Fremden, wie man sie so nie gestellt bekommt.

Wichtig ist, niemals den Humor zu verlieren und komischen Momenten eine leichte Note verleihen zu können.

*»Ich melde mich, weil ich ein bisschen meckern muss! Deine Hausaufgaben … gehen noch besser! Noch viiiiel besser! Dein Schatz hat dreimal so viel verraten!«*

*»Was???? Holy … ich geh dann noch mal ganz tief in mich rein und haue noch was raus!«*

»In 15 Jahren hatte ich ein einziges Paar, bei dem während der Vorbereitung zur Traurede auf einmal Ängste, Sorgen und sogar auch Zweifel aufgekommen waren. Meine Fragen hatten die beiden derart nachdenklich gestimmt, dass tatsächlich irgendwann die Nachricht kam, sie müssten ihre Hochzeit noch mal überdenken. Wow, das war also ›kalte Füße‹ kriegen!«

Man stößt oft wirklich eine Menge an, doch zu 99 Prozent Positives, das die getroffene Entscheidung nur bestätigt. Etwas aufzuschreiben ist besonders intensiv. Zu reflektieren, zu erinnern, sich auseinanderzusetzen, und zwar jeder für sich. Besonders, wenn ein Paar schon lange zusammen ist. Mal kommt es zu Überschneidungen, mal zu wertvollen Ergänzungen. Was kocht sofort in einem hoch, welches Erlebnis hat die eine schon vergessen, was dem anderen dafür umso schöner erschien? Am Ende ist es wirklich ein Fest, seiner Liebesgeschichte zu lauschen und dabei noch überrascht zu werden.

Nicht auszudenken, mal von einem Paar gebucht zu werden, das mir sagen würde:

*»Wir sind seit sieben Wochen zusammen. Haben keine Freunde und keine Familie. Wir wollen aber eine tolle Rede von rund 40 Minuten!«* Ups!

Ich traf für dieses Buch auch eine liebe Kollegin. Es ist so leicht, wenn man den gleichen Spirit lebt, ganz ähnlich tickt und sich so fröhlich und neidlos über die Erfolge der anderen freuen kann. Solche Menschen tun so gut, ob im Privaten oder im Geschäftlichen.

»*Erfolg kennt keinen Neid!*«, sagte sie am Tisch.

»*Und sollte nie in Hochnäsigkeit münden!*«, erwiderte ich.

Genau! Berührbar bleiben. Ansprechbar. Nicht nur für seine Paare, auch für Kollegen und den Nachwuchs, der eine Menge Potenzial erkennen lässt.

Trauredner sind weitaus mehr als nur Dienstleister. Wir tippen uns nicht nur am Laptop die Finger wund, wir sind auch da, wenn spontan Fragen auftauchen, neue Ideen Bestätigung brauchen oder Zweifel bei einzelnen Planungspunkten aufkeimen.

Jedes Paar soll sich wirklich aufgehoben fühlen bei seinem Redner. Eine Kollegin schwärmte bei einem gemeinsamen Treffen sogar davon, zu mancher Brautkleid-Anprobe eingeladen zu werden. Auch das sei für sie gern ein Teil ihres Jobs, weil es nur noch mehr Nähe schafft. Überstunden, die sie niemals berechnen würde – Hauptsache, ihre Braut ist zufrieden!

Wir sagen JA zu unserem Paar. JA zu hellen und dunklen, leichten und schweren Stunden. Zu Siegen und Niederlagen, Höhen und Tiefen. Zu einem Leben voller Polaritäten und Gegensätzen.

Apropos Tiefen – auch die will ich erfahren, um wirklich zu verstehen. WAS haben meine zwei bereits gemeistert – vor allem, WIE!

Ich will von den doofen Tagen auch erfahren, von Tellern hören, die man sich am liebsten an den Kopf geworfen hätte. Ich möchte fühlen, warum mein Paar es kaum erwarten kann zu heiraten, und dieses Commitment, diesen Pakt, diese Allianz wirklich eingehen will!

*»Conni, für mich ist die Ehe eine Verbindung auf höchstem Niveau.«/»Wir setzen damit die Liebe auf ein neues Level.«/»Es geht uns um die volle Verantwortung für ein Leben zu zweit, samt Entscheidungen für den Partner treffen zu können.«*

Gerade die Bräute können es kaum erwarten, endlich offiziell »mein Mann« sagen zu können.

Ein Bräutigam sagte mir mal: *»Und doch wird meine Frau immer mein MÄDCHEN für mich bleiben!«* Hach, das war wieder so ein typischer »Ich will dahinschmelzen«-Satz!

So ist es auch während der Trauung. Der Einzug der Braut und dann der Blick in diese beiden Augenpaare. Tränchen, die ganz langsam über hübsch gerougte bzw. frisch rasierte Wangen kullern ... Wie gern man da immer über den Trautisch springen und die beiden kurz mal drücken möchte.

»Ich singe natürlich im Stehen und bewege mich dabei schon mal durch ein paar Gästereihen. Wenn ich merke, dass meine Braut gleich zu weinen beginnt, nehme ich sie in den Arm und singe dabei einfach weiter, eng mit ihr umschlungen. Herz an Herz. Ganz großes Kino!«

Liebesgeschichten sind Geschichten, die in Supermärkten, Schwimmbädern, im Straßenverkehr, in Sandkisten, Urlauben, an Bankschaltern und … begannen. Besonders beliebte Orte, an denen zahlreiche Beziehungen ihren sehr modernen Anfang nahmen, sind natürlich Datingportale. Hier, wo es doch alle paar Minuten zwei erwischt. Wo Herzen aber nicht nur höherschlagen, sondern auch – that's life – wieder schnell zerbrechen können.

Gehen wir vom Guten aus, die Liebesgötter waren in Höchstform, und meine Paare machten intuitiv den richtigen Klick ins Glück.

*»Conni, könntest du vielleicht verschweigen, dass unser Dating auf XY anfing? Das ist uns irgendwie so … peinlich!«*
*»Peinlich? Och nöööö! Wisst ihr, wie viel Hoffnung ihr damit den Singles macht? Ihr seid doch der Beweis für erfolgreiches Netfishing, und erst recht, worin so etwas münden kann! Ihr solltet dieser Plattform doch für alle Zeiten dankbar sein.«*

Im Sommer dieses Jahres hatte ich sogar die Aufgabe, die »familientaugliche Kennenlernversion« in die Wahrheit zu bringen: zu offenbaren, dass es kein Steg an der Alster war, dafür aber eine Wisch-und-weg-Dating-App.

*»Conni! Kannst du die Wahrheit irgendwie schön verpacken?«*
*»Na klar! Und wie ich das kann!«*

Oftmals einigt man sich aber wenigstens darauf, das Internet per se zur Sprache zu bringen. Denn spätestens nach ersten Schnäpsen wird das Paar auf seiner Feier ausgefragt. Ich frage mich manchmal, wie viele Mitgliedschaften noch vor dem Anschnitt der Torte abgeschlossen werden.

»www sei Dank! Mein Paar hatte sich zwar im Internet, doch über ein spezielles Berufsnetzwerk kennengelernt! Er hatte sich als Fotograf und sie sich als Model vorgestellt. Als er ihre Bilder sieht, ist er komplett geflasht und verzaubert und schreibt sie sofort an. Einmal, zweimal, dreimal, immer wieder – er brauchte einen ziemlich langen Atem! Sie hatte derweil in einer Trennung gesteckt und seine Nachrichten über Monate gar nicht mitbekommen. Endlich aber stimmte das Timing! ›Was muss ich tun, damit du mir antwortest?‹ Jetzt war sie so weit und hatte wieder Lust aufs Modeln! Als sie sich bei ihr zu einem Akt-Shooting verabredeten, habe es nicht den leisesten Verdacht gegeben, er könne ein verkappter Psychopath sein. Im Gegenteil: Seine Schreibe, seine Stimme – wohlig, warm und so vertraut. Und dann passierte es, direkt beim allerersten Treffen: Während sie entblößt vor seiner Linse posiert, schießt Amor seine Pfeile ab! Er trennt sich von seiner Frau und macht seiner neuen Liebe nur drei Monate später einen Heiratsantrag! Nach vier weiteren Monaten ›trauen‹ sich die beiden in New York, wo sie gerade ihren fünften Hochzeitstag mit der Auffrischung ihrer Versprechen feierten. Bis heute fragen sich die zwei: Feierte die Stadt eigentlich uns oder wir die Stadt? Heute treten sie als bekanntes Fotografen-Duo bei festlichen Anlässen auf!«

Ich liebe Kennenlerngeschichten! Jede ist anders, und in jeder liegt tatsächlich ein Zauber!

Am Trautisch sitze ich am liebsten meinen Paaren vis-à-vis. Ich bin sehr groß und trage zudem keine Flip-Flops. Natürlich stehe ich beim Ein- und Auszug des Brautpaars auf und bei der Aufforderung, sich zum Versprechen des Paares zu erheben.

Befinden sich verschiedene Nationalitäten im Publikum, begrüße ich sie in ihren Landessprachen. Als ich auf einer Trauung mal vom Syrischen ins Türkische wechselte, hatte mich der Applaus der Gäste danach derart verunsichert, dass ich beim Wechsel ins Deutsche fast meinen Faden verloren habe.

Ein Vorteil, das Brautpaar zu sich statt ins Publikum blicken zu lassen, liegt darin, den Tränen besser freien Lauf lassen zu können. Als sei der Trautisch der geschützte Rahmen, im Gegensatz zum Blick auf durchschnittlich 100 Gäste, unter denen Buddys sich gern mal Blicke zuwerfen, Mütter in Taschentücher schnäuzen, man schlichtweg abgelenkt ist. All das kann gern später bewundert werden, weil die Trauung ja (hoffentlich) gefilmt wurde. Obwohl ich alle Optionen durchspreche, fiel die Wahl bisher immer auf die Sitzordnung vis-à-vis.

*»Wir wollen eine RednerIN, denn vor 'nem Kerl heulen, das könnt ich nicht!«* (Bräutigam)

*»Wie auf einem Serviertablett zu sitzen, das ist nichts für uns, stehen wir doch ohnehin nicht gern im Mittelpunkt!«* (Braut)

*»Oh, es tut mir leid, euch enttäuschen zu müssen, aber ihr seid auf jeden Fall der Mittelpunkt und solltet es genießen! Es ist euer Tag, sind eure Momente, und jeder kann euch nur darum beneiden. Ihr könnt weder durchfallen noch irgendetwas falsch machen! Aber alle, die ihr eingeladen habt, brennen drauf, euch zu feiern!«*

*»Mein Schatz weint ja nicht, im Gegensatz zu mir, die nah am Wasser gebaut hat!« (Braut)*

*»Na, das warten wir mal ab! Am Ende wird er die meisten Tränen vergießen.« (Ich)*

Ich hatte die coolsten Kerle am Tisch stehen, standhaft bis zum letzten Augenblick, bis ihr Mädchen im Brautkleid erschien und zu ihnen geführt wurde. Ich sah, wie es sie überkam und sie von ihrem Trauzeugenbuddy ein kumpeliges Schulterklopfen erhielten, bevor er ihnen am Tisch die Taschentücher reichte.

Direkt in die Gesichter meiner Paare zu sehen hat den entscheidenden Vorteil, ihnen wirklich ihre Geschichte vorzulesen. Ihre Reaktionen zu sehen.

Egal, wie viele Menschen im Publikum sitzen, der Akt der Trauung ist trotz der Öffentlichkeit etwas sehr Intimes.

Ob nun also offen zum Publikum gerichtet oder nur dem Redner zugewandt – im Beratungsgespräch haben wir Einfluss dank unserer Erfahrungen. Und kann das Paar sich nicht entscheiden, hilft die Vorstellung, dass man die Zeremonie natürlich filmen kann. Bewegte Bilder – ein Punkt, bei dem ich mich echt ins Zeug lege. Mit Familie und Freunden alles noch einmal Revue passieren zu lassen, zu lachen, zu weinen und sich zu erinnern – welch unschätzbarer Wert!

*»Du ahnst nicht, wie oft wir uns den Film schon angesehen haben!«*

»Die Trauung ist doch erst zwei Wochen her! Aber siehst du … große Augenblicke filmisch zu konservieren, ist einfach eine geile Sache!«

Eine Umfrage in einer Social-Media-Gruppe hatte mal ein deutliches Ergebnis geliefert. Nahezu jeder hatte es bereut, im Nachhinein keine bewegten Bilder zu haben.

*»Conni! Die Kamera … au weia … vergessen!«*
Obwohl ich meistens den richtigen Riecher bei meinen Pappenheimern habe, wen ich bis kurz vor zwölf noch an die Kamera erinnern sollte, kann mein Reminder trotzdem noch von Hektik und Aufregung verschluckt werden. Dann greift eben Plan A+. Notfalls bestimmen wir eine Freundin aus dem Publikum, die mit dem Smartphone filmt.
*»Wie gut, dass ich mich auf das Filmen konzentrierte – hat mir glatt die Heulerei erspart!«*
Und wenn zehn Jahre später die Eheversprechen erneuert werden, könnte dieser Film im Hintergrund auf einer Leinwand laufen!

# Das Wichtigste: die Liebe!

*Erst wenn das Ego weicht,*
*kann wahre Liebe sich entfachen …*

Ein Dauerthema, ein Lieblingsthema, erst recht bei meinen Paaren. Und deshalb widme ich der Liebe ein eigenes Kapitel.

Die Liebe – der Anfang von allem Schönen. Und erst recht (im romantischen Fall) die Voraussetzung für eine Ehe!

*Wie* macht sich Liebe bei Ihnen bemerkbar, wenn Sie an Ihren Lieblingsmenschen denken? Kribbelt's noch im Bauch, und sind Sie aufgeregt, wenn *er* nach Hause kommt? Denken Sie sich schon die nächste Überraschung für ihn aus?

Verliebtsein ist das eine, Liebe das andere. Nun käme beides ohne das andere aus, doch wenn sich aus anfänglicher Verliebtheit Liebe entwickelt, ist das wirklich großartig! Verliebtheit spüren wir im Bauch, Liebe tief im Herzen.

Wir werden immer der Willkür unseres Herzens ausgeliefert sein. Wir können uns jemanden schönreden und -denken, aber wenn das Gefühl dem Verstand nicht folgen kann, fehlt der besondere Esprit.

Gehen Liebe und Verstand denn überhaupt zusammen? Wir glauben, jemanden zu lieben, obwohl wir uns nicht wirklich glücklich mit ihm fühlen? Doch Liebe ist auch Glück, wenn man die Liebe wirklich verstanden hat.

So manches Kopfkino läuft ab, wenn der Verstand viel stärker als die Emotionen ist! Was passiert, wenn es zwischen zwei Menschen funkt und sie sich in Richtung Partnerschaft entwickeln? Kennen wir die klassischen Verhaltensmuster und Anzeichen, die für oder gegen eine Verbindung sprechen? Spricht dann mehr der Kopf als der Bauch?

So schön die Sprache der Liebe auch ist, am Ende zeigt sie sich am meisten in Taten.

Wie viele Ehen werden aus Vernunftgründen geschlossen? Ziehen wir mal eine Parallele zum Job: »Ich wollte zwar immer XY machen, doch mit YX verdiene ich mehr! … Ob ich glücklich bin? Keine Ahnung, aber ich kann mir jetzt teurere Urlaube leisten!«

*Noch Fragen, warum Menschen ausbrennen statt aufbrennen? Das macht doch auch kein Urlaub wieder wett!*

»Er ist aufmerksam, nett, hilfsbereit, hat Kohle und einen guten Job. Kribbeln tut es nicht, doch ist der Alltag leicht, und darum geht es doch, wenn's von Bestand sein soll, nicht wahr? Wer braucht schon diese Achterbahn der Gefühle – bei wem ist Leidenschaft denn schon von Dauer?!«

Schöner klingt: *»Weil ich ihn so sehr liebe! Und er liebt mich!«*

Leidenschaft – neben Humor das Aufregendste, das A und O. Anziehungskraft, die selbst gewittrige Beziehungstage in Romantik verwandeln kann. In eine stets spürbare Nähe. Der Unterschied zwischen der Verbindung zu einem Kumpel und zu deinem Mann. *Verlangen* heißt das Zauberwort!

*»Weil er für mich über seinen Schatten springt …!«*

Die Vorstellung, dass der Partner morgen erblinden oder im Rollstuhl landen würde – würde es uns vor lauter Sorge und Angst in den Wahnsinn treiben? Ein Mensch, dem wir vertrauen, mit dem wir alles teilen können – das ist der wahre Reichtum, der uns umgibt! Und Liebende erfahren und leben über Freundschaft hinaus auch das Spiel der Verführung.

Nicht jeder sucht und glaubt an seinen »Seelenpartner«, strebt nach Verschmelzung und Verschworenheit. Doch wer auch nur einmal diese Tiefe mit jemandem erlebte, dem ist jede Oberflächlichkeit ein echter Graus.

*Wer einen perfekten Ehepartner will, muss selbst einer sein.*

Es mangelt so oft an Zufriedenheit, an echter Paararbeit, an Achtsamkeit und Dankbarkeit. So viel Fokus liegt auf Mangel statt auf Fülle. Und schnell verschwindet dann die Wertschätzung von einst, keimt Frust, der im schlimmsten Fall im Fremdgehen enden kann.

Was hält Menschen zusammen? Kinder? Geld? Angst vorm Neuanfang?

Ist es anstrengender, zu bleiben, oder anstrengender, zu gehen? Ist es Schein oder Sein?

Wenn Gefühle unterdrückt werden, Wünsche unerfüllt bleiben und Sehnsüchte nicht mehr gestillt werden, Gespräche ausbleiben und man längst nicht mehr in eine Richtung blickt … was bleibt dann?

Eine gute Partnerschaft ist eine Lebensaufgabe.

Liebe und Partnerschaft brauchen den Mut und den

Wunsch, gemeinsam hinzuschauen, erst recht, wenn es weh-tun kann.

»Gemeinsam durch gute und durch schlechte Zeiten.« Ob wir das vor dem Standesbeamten bekennen oder unausge-sprochen versprechen, wenn wir in einer neuen Partnerschaft leben wollen, uns entschieden haben, uns auf jemanden ein-zulassen. Und uns mit ihm in unsicheres Fahrwasser zu bege-ben, wissend, dass jede überlebte Welle uns größer und stär-ker machen kann.

&

»Nach 20 Jahren in der Branche hat man einen sehr ge-schulten Blick. Ich sehe Paaren an, ob sie zusammengehö-ren. Ihre Sprache, ihr Umgang miteinander, ihre Berührun-gen, Blicke – im Grunde ihre ganze Aura, die sie verrät. Ausstrahlung gibt eine Menge preis. Und ich kann sehr gut unterscheiden zwischen freudiger Aufregung und ne-gativer Anspannung.«

&

Apropos Aura – eine weitere Kollegin erzählte:
»Wer zum Probestecken inklusive Make-up kommt, ist in der Regel aufgeregt und fröhlich, plaudert mit dir beim Käffchen über Frisuren und Schminktipps. Eines Tages passierte Folgendes: Eine bildhübsche Frau hatte meinen Salon betreten. Auffällig war der Schleier von Traurigkeit um sie herum. Irgendetwas schien hier komisch, passte einfach nicht zusammen. War es ihre burschikose Art, ihr Bauarbeitergang? Ich konnte sie mir nur schwer in einem

Brautkleid vorstellen, eher noch in einem Anzug oder Overall. Kurze Zeit nach unserer Begegnung schickte sie uns eine lange Mail und offenbarte ihr Coming-out. Ich freute mich sehr und hoffte, ihr jetzt nur noch strahlend zu begegnen!«

Wissen Sie eigentlich, wie Sie und Ihr Partner zusammen wahrgenommen werden? Als Yin und Yang? Welche Paare in Ihrem Umfeld beneiden Sie um deren Beziehung? Wie viele Ihrer Freunde führen eine vorbildliche Partnerschaft?

Gewohnheiten, Rituale, Traditionen. Etwas Eingefahrenes? Langweiliges? Zu viel Routine oder doch ein Stück Geborgenheit? Ist der Alltag mit seinen Alltäglichkeiten wirklich ein Killer und Liebestöter? Er deckt nach einer Weile unsere Macken auf und zieht uns die Masken vom Gesicht. Eben war die Welt noch rosarot, bis sie ganz schleichend immer trüber wird. Worte immer unbedachter werden, es von Vorhaltungen, Erwartungen und Enttäuschungen wimmelt. Dachten wir nicht eben noch, der Partner sei perfekt? Doch dachten wir das auch von uns? Waren wir zusammen je perfekt? Taten wir nur so?

Liebe und Alltag … Wie sagte eine Liebe mal zu mir?

»Gib mir wenigstens einmal am Tag deine 100 Prozent!« Das habe ich beherzigt. Wenn man den Anspruch hat, die Liebe sich wirklich entfalten zu lassen, man bereit ist, sich mit Haut und Haaren hinzugeben, sich einander zu öffnen, verletzbar zu machen, dann geht das unter einer Bedingung: mit Vertrauen und Achtung!

»*Ich hatte aber recht!*«, sagte sie.

»*Willst du recht haben oder in einer Beziehung sein?*«, hakte er nach.

Liebende betrachten den anderen/die andere nicht als Eigentum, auch wenn man sagt: »Er/Sie ist echt ein Geschenk!« Man muss den anderen nicht ändern, darf ihn sich nicht einfach passend machen, allein die Liebe (genau wie der Hass) verändert den Menschen. Lieben wir jemanden für das, was er ist. Formen wir ihn nicht um, machen wir ihn uns nicht passend. Stärken wir seine Schwächen und streuen Glitter über alles weniger Schöne!

> *Ich liebe dich nicht, weil ich dich brauche,*
> *sondern ich brauche dich, weil ich dich liebe!*

Kennen Sie die zwei wichtigsten Beziehungsregeln?

»*Schätze die Gemeinsamkeiten und respektiere die Unterschiede.*« (C. Bischoff)

> *Verliebe dich zuerst selbst in dich,*
> *dann wirst du verstehen,*
> *warum es auch ein anderer tut!*

Oft gelesen, immer verstanden, aber erst später auch verinnerlicht. Ich habe heute sogar Schmetterlinge im Bauch, weil ich mit mir selbst so glücklich bin. Und deshalb kann ich auch glücklich mit jemandem zusammen sein, weil ich ihn nicht mehr brauche, mein Glück nicht von ihm abhängig ist. Freiräume kann ich auch lassen, denn Zeit ist neben der Gesundheit unser höchstes Gut! Zeit für eigene Aha-Erlebnisse, damit die Themen auch niemals ausgehen und die Persönlichkeit sich auch allein weiterentwickeln kann.

Eine Beziehung heißt, die Verantwortung für drei Leben zu tragen: das eigene, auch das des anderen und natürlich das gemeinsame!

Ich zweifle an jedem, der sagt, er glaube nicht mehr an die (große) Liebe. Genauso wenig glaube ich einer Frau, dass sie noch nie davon geträumt hat, einmal diese EINE zu sein. Und ob es eine Liebesgeschichte bis zum Standesamt schafft oder sie vorher zerbricht – möge auch im Rückblick das Vergangene eine wundervolle Erinnerung und eine goldrichtige Erfahrung gewesen sein, die niemand bereut. Auf dass sich Liebe nicht in Wut verwandelt.

ICH bin die Schwelle, die meine Paare auf ihrem Weg in die Ehe überschreiten. Anwälte sind die Schwelle, die sie bei der Scheidung überwinden. Der Richter spricht das letzte Wort, ich das erste, darf das Kribbeln meiner Paare erleben und teile ihre Aufregung.

Kribbeln … es kribbelt auch vor den ersten Treffen mit meinen Paaren. Und manchmal sogar zweimal am Tag. Kürzlich wollten mich zwei Paare am selben Tag treffen, und es ging um denselben Hochzeitstag. Die Chancen lagen bei beiden fifty-fifty.

Unterhaltung eins war nett, eher nüchtern. Als mich die Braut zum Schluss fragte, ob ich auch keine komischen Gewänder tragen würde, war ich eigentlich schon »raus«. Hätte sie meine Seite besucht, wäre sie klüger gewesen!

Treffen Nummer zwei war irre lustig, wir wären vor Lachen fast vom Stuhl gefallen. Bingo!

Noch am selben Abend schrieb ich dem ersten Pärchen eine liebe Absage (welch krasser Kontrast). Eine Antwort habe ich bis heute nicht bekommen.

So hoch die Erfolgs- und Trefferquote bei Terminen auch ist, 100 Prozent sind trotzdem eher unwahrscheinlich. Manchmal kommt es zu Gesprächen, die zwar wundervoll und herzerfrischend sind, doch prallen einfach zu unterschiedliche Welten aufeinander.

*»Conni! Das war toll, doch sind wir gegen dich die größten Spießer. Wir glauben, du bist zu verrückt für uns!«*

Das ist Leben! Das ist Begegnung! Voller spannender Momente und Menschen, ohne dass man gleich ans Ziel kommen muss. Aber eine Umarmung muss zum Abschied immer noch drin sein!

# A wie ANTRAG und
# ein bisschen E wie EHE

*»Willst du mich heiraten?«, fragte der junge Mann sein Mädchen.*

*»Muss das sein? Gibt's da nichts anderes?«*

*»Sicher, aber die will auch nicht!«*

Manche Bräute erlebten weder den klassischen Kniefall noch einen expliziten Heiratsantrag, vielmehr führten sie eine Unterhaltung bei Kerzenschein über Zukunft und Ehe. Für manche Braut schon ausreichend, um sich danach ins »Internet« zu stürzen und voller Herzklopfen auf die Jagd nach ersten Inspirationen zu gehen.

*PS: Apropos Antrag. Wie viele meiner Kolleginnen träume auch ich davon, fantasielosen Herren bei ihrem bevorstehenden Antrag mit Ideen auf die Sprünge zu helfen.*

*»Möchtest du meine Frau werden?«*

*»Willst du mich heiraten?«*

Merken Sie den Unterschied? Statistisch gesehen, war Frageoption eins der Favorit unter meinen Bräuten.

Der Antrag ist wie eine Offenbarung, in der so viel mitschwingt: Wünschen, Sehnen, Verlangen nach MEHR. Ein klares Statement, eine Haltung zu der Beziehung und *für* den Partner, für ein gemeinsames, unzertrennliches Heute und Morgen. Für ein Lernen und Wachsen als Ehepaar. Gegen Beliebig- und Austauschbarkeit. Vor allem für ein »Mit DIR bin ich angekommen! Bei DIR kann ich ICH sein! Du bist mehr – DU bist meine Frau/mein Mann – die/der Auserwählte!« Ich kenne kein größeres Kompliment.

Lassen Sie uns kurz gemeinsam schmunzeln.

*SICH SELBST HEIRATEN – der neue Trend aus den Staaten!* Also, Ring aufstecken und sich stets daran erinnern, was man sich offiziell verspricht: die volle Verantwortung für sich zu übernehmen und nach Zufriedenheit und Glück zu streben!

Je länger ich darüber nachdenke, umso süßer finde ich das eigentlich. Ein Versprechen von mir an mich, bezogen auf alles Sein, Haben und Tun. Schon klar, das geht auch ohne feierlichen Firlefanz, doch irgendwie bestärkt wohl so ein Rahmen!

Ich frage mich, wie viele Frauen irgendwo gerade sehnsuchtsvoll auf ihren Antrag warten, und wie viele von ihnen leider vergeblich? Einige bemühten sich bestimmt, perfekte Augenblicke zu schaffen und Momente zu inszenieren, um es dem Mann so leicht wie möglich zu machen – bis der Wink ins Leere ging. Und dabei haben das einige der Männer sicherlich wohl wahrgenommen, während andere es bewusst ignorierten.

In einem Zeitungsartikel hieß es, dass Frauen immer nur warten – auf den ersten Kuss, das erste Mal, das Kind, die Ehe, das Haus.

Zurück zum Thema! Tradition hin oder her, auch Männer dürfen/wollen gern erobert werden! Es passt in diese Zeit. Und fragt man sie, hört man gelegentlich, wie sehr sie es genießen, das Zepter aus der Hand zu geben.

Durch meine Arbeit weiß ich, dass die schönsten Anträge immer die waren, die im »perfect moment« gemacht wurden. Seit fünf Jahren lese ich Geschichten von Hochzeitsanträgen. Und ich kann nicht sagen, welche Braut glücklicher war – jene, die auf der Couch in einer Werbepause gefragt wurde, oder jene, die das volle Programm erlebte: bei Lichtermeeren am Strand, Bötchen auf dem Teich, Feuerwerken aus Wolkenkratzern. Ein Augenblick, in dem man die Nähe des anderen so tief empfand, dass es keine Beschreibung dafür gab. Dieses Überschäumen von Glückseligkeit, als riefen alle Schmetterlinge zu Gruppenorgien auf!

Wie sehr ich mit den Männern fühle, die kurz vorher fiebrig und stotterig wurden, die vor lauter Unsicherheit nur kicherten, die übermäßig transpirierten und das Ende fast mehr herbeisehnten als den Augenblick selbst. Doch wenn sie es dann hinter sich haben, denken Frauen doch nur eines: »Ach, tu's glatt noch einmal, Schatz!«

Beneidenswert, den *magic moment* zu erleben, das beliebteste Frage-Antwort-Spiel – ob spontan oder lange im Voraus geplant. Ob am Grand Canyon, auf den Seychellen, den Malediven, als Werbesport im Kino oder im Bett nach gutem Sex.

Ein Hoch auf jede junge, selbstbewusste Frau, die ihrem Glück selbst auf die Sprünge half und einfach die Initiative ergriff.

Ich könnte mich scheckig grinsen, wenn ich lese, wie scharf die weibliche Intuition sein kann. Wie Frauen ein Gespür dafür entwickeln, wenn etwas in der Luft zu liegen scheint, weil Mann sich irgendwie verdächtig macht, wirres Zeug blubbert, auffallend komische Fragen stellt und nervöse Zuckungen kriegt.

*»Er war wie aus der Spur gefallen, doch ich tat so, als würde ich nichts merken! Ich hoffte lediglich, mich nicht getäuscht zu haben und dass es wirklich um den Antrag ging!«*

*»Ich fand ihn irgendwie leicht aggressiv, so kannte ich ihn gar nicht. Ständig fragte ich ihn, ob ich was falsch gemacht oder er Sorgen hätte. Was war ich erleichtert, als der Grund sein Antrag war, er alles hinter sich hatte und endlich wieder mein Schatzi war!«*

*»Ich hatte meinen Schatz mal wieder zu einem kitschigen Liebesfilm überredet, und mittendrin war's dann geschehen: mein Entschluss, ihm einen Antrag zu machen! Ohne Plan, ohne Ring, ohne Text, allein getrieben vom Gefühl, weil ich spürte, dass der richtige Moment jetzt gekommen war. Mein Schatz zögerte es dauernd hinaus, und ich konnte nicht länger an mich halten. Und danach gingen wir mit selbst gebastelten Ringen aus Alufolie ins Bett, und mein Männe sagt nur: Ich hätte in Kürze ohnehin um deine Hand angehalten!«*

*Selbst ist die Frau* – dieser Spruch verliert wohl niemals seine Gültigkeit. Traditionen lösen sich auf, und Altes weicht dem Neuen. Und letztlich ist der Weg wohl doch egal, solange man das Ziel erreichen konnte!

Jeder Antrag ist einmalig, 100 Prozent exklusiv! Nur die Gründe, die dahinterstecken, mögen sich ähneln: die Liebe des Lebens zu krönen, rechtliche wie steuerliche Vorteile, Moral und Verantwortung, Absicherung der Familie.

Es bleibt ein großer Schritt, nicht bloß ein Trend, nicht Jux und Dollerei. Die Ehe ist ein Bund, im schönsten Fall eine Allianz fürs Leben, eine Lebensversicherung.

*PS: Natürlich kann man ohne Trauschein happy sein. Eine Urkunde ist ja kein Garantieschein.*

*Apropos ohne Trauschein: Eine Freundin hatte mich dazu inspiriert, »Verbundenheitszeremonien« einzuführen.*

*»Bitte, Conni! Denn das Amt darf keine Rolle spielen. Wir haben beide eine Scheidung hinter uns, wollen keine rechtliche Ehe mithilfe des Staates – wir wollen etwas ohne Gesetz! Etwas, das dazwischenliegt ...«*

*»Wer braucht denn heute noch eine Ehe, wenn die meisten am Ende nur Lebensabschnittspartner waren? Kennst du wirklich Paare, die sich bis zum Ende ihres Lebens aushalten können?«*

Diese Fragen hatte mir ein Mann auf einer Party gestellt. Schon war ich angetriggert. Ich bin Rednerin geworden, weil dieser Job auch Zukunft hat. Weil Paare, die heiraten wollen, nicht aussterben. Zumindest nicht, solange ich lebe!

Natürlich mag das Eheantrittsalter eine Rolle spielen. Je jünger die Paare, desto weniger traut das Umfeld ihnen oft zu, dem Schwur auf Lebenszeit gerecht zu werden. Ein Hoch auf jene, die es geschafft haben, sich zu bewähren. Die sich sogar einem jährlichen Beziehungs-Check-up oder »Feintuning« bei einem Paar-Coach unterziehen – und das erst recht in guten Zeiten! *(Wie vorbildlich das ist, verrät uns Angelika Kaddik, ihres Zeichens Expertin für Paar-Fragen, am Ende des Buches!)*

Wenn Gleichaltrige in meinem Umfeld heiraten, wird niemand ihnen sagen: *Prüfet, wer sich ewig bindet, ob sich nicht was Bess'res findet!*

Ich mochte diesen Spruch noch nie, er hing bei meiner Großmutter verstaubt im Flur. Man würde uns wohl eher fragen: *»Willst du wirklich deine Freiheit opfern? Du kommst doch supergut alleine klar!«*

Opfern? Nein, eintauschen! Und wieso gibt es Freiheit nicht zu zweit? Partnerschaft ist doch kein Gefängnis! Klarkommen? Ja natürlich, die Voraussetzung dafür, entweder ein zufriedener Single zu bleiben oder eine zufriedene Partnerin zu werden!

Ich höre, wie in Partnerschaften Kompromisse verflucht werden. Pendeln sich Menschen, die zusammenpassen, nicht automatisch ein und müssen nicht jeden Gefallen und jedes Entgegenkommen zum Thema machen? Heißt es wirklich »Opfer bringen« in der Liebe? Wenn es zu zweit doch so anstrengend ist, warum dann nicht sich trennen und weiter sein passendes Pendant suchen? Wie grausam, sich Jahre später Vorwürfe und Vorhaltungen zu machen, weil man dieses oder jenes aufgab oder einer Sache nicht nachgehen konnte. Wer aber weiß, was er will, was er braucht, wer sich selbst kennt, der flüchtet nicht vor Auseinandersetzungen!

Wer nimmt welche Rolle ein, wer übernimmt dieses, wer besser jenes? Worin liegen die Stärken des anderen? Es geht um Ausgleich und Ergänzung! Sobald jemand seiner Rolle nicht mehr gerecht werden kann oder unglücklich ist, muss man miteinander reden! Kommunikation, Ehrlichkeit, Achtung, Toleranz, Verständnis und Offenheit sind die Basis für ein gutes Miteinander. Dem Partner stets das Beste – wie sich selbst – zu gönnen.

Für mich klingt die Sprache der Liebe eher leicht und weit entfernt von Verletzungen. In der Liebe hat das Ego nichts zu suchen. Ich habe immer behauptet, dass jeder Mensch beziehungsfähig ist, es garantiert den Topf für seinen Deckel gibt – oder einen Deckel für seinen Topf. Auf manche Töpfe passten zwar mehrere Deckel, doch ist es gut, sich endlich zu entscheiden. Nicht immer wieder wegzulaufen. Sich ohne Angst auf das WIR zu konzentrieren. Auf eine gemeinsame Zukunft. Langweilig kann es eigentlich nie werden, eher ruhiger, wenn man sich gerade erholt von dem, was man erlebt hat, und Kraft schöpft für das, was vor einem liegt.

Ob Flirten erlaubt ist? Natürlich! Doch wird man gerne widerstehen, wenn man liebt.

Eine meiner Bräute hat es mal auf den Punkt gebracht:

*»Wir sind ja natürlich beide nicht perfekt – doch gemeinsam sind wir es. Und deshalb ist es auch unsere Beziehung!«*

Ich traute schon »ältere« Paare, die bereits eine oder mehrere Ehen hinter sich hatten. Sie wollten ihren zweiten und letzten Frühling feiern, und die Ehe sollte das berühmte Sahnehäubchen sein! Wie bei meiner Großmutter, die noch mit 60 Jahren ihre letzte große Liebe genoss. Voller Kribbeln im Bauch schritt sie mit ihrem Witwer-Freund (und Jugendliebe) zum Standesamt.

Mein Herz hüpft schnell, wenn ich betagte Menschen Händchen haltend auf der Straße sehe. Trauungen im letzten Lebensabschnitt (Vivaldi nannte es den Herbst/Winter) sind wirklich rührend. Es liegen zwar keine gemeinsamen Jahrzehnte und Erlebnisse hinter ihnen, doch Gesprächsthemen gibt es gerade deshalb wohl genügend. Schicksalsschläge, tragische Ereignisse, Verluste sowie Abschiede hat man kennengelernt – doch jetzt kann man das Frühstücksei zu zweit genießen und vielleicht manche Sorge um Demenz und Altersarmut teilen. Bis dahin aber soll es eine Menge Zärtlichkeit, viel Wärme und Streicheleinheiten geben. Und wenn man noch gemeinsam tanzen, wandern, reisen kann, dann macht das Leben wieder doppelt Spaß.

»Meine älteste Braut war 82 und extra von Süddeutschland nach Hamburg gezogen, um ihre Jugendliebe auf dem schönen Standesamt in Altona zu heiraten! Was diese beiden ausstrahlten, ging allen Anwesenden unter die Haut!«

# Gewusst, wie –
# so vermeiden Sie Pannen, Pech
# und Peinlichkeiten

Beginnen wir mit meinen eigenen Patzern, wie sie schöner nicht hätten sein können. Mit etwas Abstand betrachtet waren es natürlich Minidramen, nicht einmal für jeden erkennbar gewesen. Und trotzdem wäre mir bei jedem Ausrutscher ein Erdloch lieb gewesen. Nun hatte ich schon immer ein Talent zum Improvisieren, und deshalb konnte es nur eine Option geben: The show must go on! Also: Krone richten, lächeln, weitermachen.

Mit den Jahren gewinnt man Erfahrung, entwickelt mehr Sicherheit und stärkeres Selbstbewusstsein. Die offene Konfrontation, gepaart mit einem Lächeln, kann wahre Sympathiepunkte bescheren, lässt uns vieles verzeihen, solange es sich nicht um Grobverstöße handelt. Bei Namensverwechslungen die Stimmung wieder zum Guten zu wenden, grenzt fast schon an ein Wunder!

Ja, der Mensch ist keine Maschine, und deshalb sind wir auch fehlbar. Doch muss am Ende das Gesamtkunstwerk stimmen, damit kleine Pannen schnell vergessen sind oder sie uns Jahre später ein Lächeln aufs Gesicht zaubern.

## Auf den Namen kommt es an!

Es war an einem heißen Sommertag in meinem ersten Rednerjahr. Die Zeremonie sollte im heimischen Garten stattfinden – ein Meer aus Blumen und Gestecken, hier und da ein Körbchen mit Sonnencreme, Fächern und Eisbonbons. Gereicht wurden Tabletts mit leckeren Cocktails samt Schirmchen und Snacks. Kurz vor meinem Einsatz wirft die Trauzeugin beim Vorübergehen einen zufälligen Blick in meine aufgeklappte Rede und musste *was* entdecken?

*»Jutta??? Aber Conni, ich heiße doch Judith!«*

Herrgott! Um Himmels willen! Danke für den Zufall, der das Schlimmste noch verhindern konnte. Es war mir unerklärlich! Wenn da jetzt nicht der Wurm drinsteckte, dachte ich und schickte schnell ein Stoßgebet nach oben. Tatsächlich aber kommt ein Unglück selten allein, obwohl die Zeremonie bis zum Schluss sehr gut ohne Würmchen ausgekommen war. Nun ja, bis *fast* zum Schluss, denn kurz vorm Kuss zum Auszug wollte mein traditionelles Wunderkerzchen einfach nicht zünden. Egal, wie lange ich den Draht auch in die Hochzeitskerze hielt, es wollte partout kein Feuerwerk entstehen! Als die Braut mir zuflüsterte, vielleicht eine Ersatzkerze zu nehmen, wäre ich beinahe an dem Kloß in meinem Hals erstickt! Ersatzkerze? Verdammt!

»Ihr Lieben, das ist überhaupt kein schlechtes Omen! Die Kerze ist wohl aufgeregt, ihr dürft euch einfach länger küssen!«

Lacher aus den ersten Reihen und zum Glück ein Schmunzeln meines Paares, das mein Herzklopfen minimal entschleunigte. Seitdem liegen mir bei jeder Trauung mindestens drei Ersatz-Wunderkerzen zu Füßen!

## Ringtausch

*»Schatzi, vergiss bloß nicht deine Panne beim Ringwechsel!«*

Meine Freundin brennt darauf, das hier zu lesen, weil sie noch heute drüber lacht. Na gut, auch auf die Gefahr hin, dass das die schlechteste Werbung überhaupt für mich ist! Es war meine vielleicht fünfte Trauung, also richtig lange her zum Glück. Doch Glück hatte ich in dem Moment, als es um DAS Symbol der Trauung ging – den Ringtausch –, absolut nicht. Ich hatte die beiden nach ihrem Versprechen gerade dazu aufgefordert, sich jetzt zu küssen, als meine Braut mich verdutzt anschaute und flüsterte: *»Und wann kommt der Ringtausch, Conni?«* Ich glaube, es sah lustig aus, wie sich mein blasser Teint im Nu in ein Krebsrot verwandelt hatte. Aber klar, bevor der Kuss das Versprechen besiegeln konnte, wurden die Ringe getauscht. Puh …

Peinliche Momente geben Einblick in die Persönlichkeit des Menschen. Wie ist der Umgang mit Unvorhergesehenem? Wie unterhaltsam und geschickt kaschierst du deine Verlegenheit, damit sie sich nicht aufs Brautpaar überträgt und die sich später für ihre Rednerin entschuldigen müssen?

# Geburtstag

Es gibt da eine Stelle in den Fragebogen meiner Paare, da brauche ich Geburtsdaten. Zahlen, die jeder im Gedächtnis hat, so möchte man meinen.

Ich schicke jetzt vorab, dass ich im nächsten Fall meine Unschuld beweisen konnte! Ich hatte gerade mit der Einleitung der Zeremonie begonnen, war top im Flow und kam zu jener Stelle mit den Zahlen, ließ sie genüsslich auf der Zunge zergehen und … wurde unterbrochen – vom Opa aus der ersten Reihe:

»Frollein! Das stimmt nicht! Der Jupp ist am XY geboren!«

Schluck. Schwitz. Bitte nicht! Nicht schon am Anfang! Nun lasse ich grundsätzlich meine Reden von einer vertrauten Person absegnen und nehme es bei Daten wirklich besonders genau.

Okay, tiiief durchatmen, Haltung bewahren, gaaaanz ruhig, kurz räuspern und rein in die Offensive. Das Grinsen des Bräutigams – für mich zum Glück ein Beweis seiner Fahrlässigkeit. Er hatte den Braten wohl gerochen.

»Liebe Gesellschaft! Ich bin entsetzt. Ich habe mich ganz sicher nicht geirrt, doch wird der Bräutigam nachher erklären können, warum ich ihn gerade jünger gemacht habe! Ich fahre erst mal fort und hoffe, dass eine weitere Unterbrechung nicht mehr nötig ist.«

Kurz drehte sich der Bräutigam zum Publikum und grinste wie ein Honigkuchenpferd. Oh, dieser Jupp!

Nach dem Ende der Zeremonie suchte ich auf dem Smartphone die Datei des Bräutigams und hielt ihm sein vertipptes Datum vor die Nase!

»*Conni, da war ich wohl abgerutscht, ist doch nicht schlimm, kann vorkommen! War ja kein vorsätzlicher Betrug!*«

Danach gab's eine Runde wohlverdiente Schnäpse – für die Absegnerin der Rede und mich, die erst mal schön auf ihre Unschuld trank! Mein Paar hatte mir natürlich versprechen müssen, die Sache vor versammelter Gästeschar noch einmal aufzuklären, konnte ich doch nicht als Witz des Tages in Erinnerung bleiben.

Hätte ich da nur geahnt, dass bei der nächsten Trauung sich genau *das* wiederholen sollte … doch hatte dieses Mal die Schwester den Fehler in der Rede rechtzeitig bemerkt. Und wieder war ich unschuldig! Oh, diese Schlümpfe!

## Vergesslichkeit

Wir befinden uns jetzt am Ende einer Zeremonie, an der die Paare sich das Eheversprechen geben. Ein sehr besonderer Moment, den viele meiner Paare zunächst vor lauter Aufregung am liebsten überspringen möchten. Doch nicht mit mir! Aufregung darf kein Grund sein, denn so einen Augenblick gibt es kein zweites Mal. Und so bleiben Zeremonien ohne Eheversprechen eher die Ausnahme.

Der Ringwechsel liegt also hinter und der Kuss noch vor uns, als die Braut auf einmal flüstert:

»*Was ist mit unseren Versprechen!?*«

Was? Oh nein! Nein! Nein! Wie konnte ich das nur vergessen! Zum Glück kam innerhalb von wenigen Sekunden ein himmlischer Geistesblitz geflogen, und eine göttliche Souffleuse hauchte mir ins Ohr: »Überraschung im Ablaufplan: Wir machen das an Deck unter freiem Himmel!«, schlug ich voller Überzeugung vor. Kein Veto? Yeah! Unter Standing Ovations ging es nach dem Kuss treppauf hinaus, wo die beiden mit Sonne im Gesicht und Wind im Haar eng umschlungen an der Reling standen, ich mein Wunderkerzchen hielt und das Startzeichen für ihre Versprechen gab.

*»Danke, Conni! Erst war es ja ein kleiner Schock, doch eigentlich hätte es schöner nicht sein können!«*

## Wo ist der Ring?

Einen schweißtreibenden Moment erlebte eine meiner Rednerperlen wenige Minuten vor dem Einzug der Braut. Ihr war gerade das Ringkissen übergeben worden, das sie auf dem Tisch platzierte, bevor sie sich abwandte, um die Gäste auf ihre Plätze zu bitten. Plötzlich hörte sie einen Aufschrei der Mutter:

»O Gott! Wo ist der zweite Ring!?«

Welche Dramen sich in Bruchteilen von Sekunden abspielen können! Zwei Kinder hatten sich heimlich dem Schmuck genähert, um wohl selbst kurz Brautpaar zu spielen, wobei der Ring der Braut ins hohe Gras gefallen war! In einem Saal ja kein Problem, doch auf einer Wiese unter Zeitdruck – Drama pur! Mittlerweile hatte sich die erste Reihe ebenfalls an der Suche beteiligt, bis meine Perle mit ihren Argusaugen fündig wurde! Endlich konnte es losgehen und eine ahnungslose Braut ihren langen Weg zum Trautisch antreten.

## Das Mikro

Fliegen wir nach Ibiza, zu einer traumhaften Strandzeremonie. Drei Tage Feierlichkeiten lagen hinter den Gästen, zu denen auch ich eingeladen war. So lässt sich natürlich besonders schnell Nähe aufbauen. Gemeinsam warteten wir auf den Höhepunkt am Strand, den krönenden Abschluss, die Zeremonie im Beachclub. Der Veranstalter hatte vorab von seinem Hausmikro in höchsten Tönen geschwärmt, ich war schon ganz gespannt und hatte mich in Sicherheit gewiegt. Ein kurzer Soundcheck hatte etliche Strandflanierer angezogen. Die Gäste ließen sich in die chilligen Sitze fallen, und auch ich stimmte mich gerade ein. HALT! Was war denn das? In der Ferne sah ich, wie die großen Boxen um viele Meter weiter nach hinten gezogen wurden. Für einen neuen Soundcheck war es jetzt zu spät! Wenn das mal gut ging!

Ich hatte noch keinen ganzen Satz gesprochen, da ging es schon los: Meine Worte hatten sich komplett überschlagen. Verdammt, verdammt! Auf Tempo und individuelle Betonungen musste ich also verzichten. Nach gefühlten drei Stunden kam ich endlich zum Eheversprechen – eine spontane Überraschung vom Bräutigam für seine Braut, die sich doch eigentlich dagegen ausgesprochen hatte. Auf seinen Wunsch stellte ich das Mikro ab, und, was soll ich sagen – es folgte das längste Versprechen, das ich jemals erlebt hatte – doch es war wunderschön und rührte meine Braut zu endlosen Tränen der Rührung.

Nach der Trauung kamen wie üblich die ersten Gäste auf mich zu, doch ich wollte einfach nur weg.

Natürlich war es niemandem aufgefallen, welch inneren

Qualen ich ausgesetzt war, doch hatten diese Menschen keinen Vergleich zu sonst. Noch Stunden später fragte ich mich, ob ich ohne Mikro hätte sprechen sollen? Man bleibt sich selbst gegenüber stets der größte Kritiker, egal, wie glücklich man das Paar und seine Gäste auch gemacht hat. Heute erinnert ein liebevoll graviertes Armband jeden von uns an ein rauschendes Fest und die Großzügigkeit eines Traumpaares.

# Erst die Pflicht und dann die Kür!

Die Pflicht, das bedeutet in unserem Fall den Weg zum Standesamt. Leider kommen Standesbeamte noch immer nicht an jeden Wunschort oder nehmen in der Location, in der das Paar eventuell auch feiert, die Trauung vor (falls beides am selben Tag gewünscht). Wer eine Freie Trauung plant, für den ist die standesamtliche Zeremonie ein oft eher emotionsloser Pflichtakt der Bürokratie. Paare berichten mir von »nüchtern«, »typisch deutsch«, bemängeln lieblose, verstaubte, altbackene, spartanische Räumlichkeiten. Natürlich gibt es Ausnahmen, traumhafte Rathäuser, Kirchenräume u. a., in denen man sich trauen lassen kann und wo mittlerweile sogar vereinzelt auch die Freie Trauung im Anschluss stattfindet. Ich muss aber sagen, dass hier ein Termin einem Sechser im Lotto entspricht. Spielt keine Rolle! Denn etwas ganz Entscheidendes macht diesen Termin – wo auch immer er stattfindet – wieder wett: Als Verlobte treten sie vor den Beamten, und als Frischvermählte, als ein nun rechtlich anerkanntes Ehepaar verabschieden sie sich wieder!

Eine bekannte Weddingplanerin legt ihren Paaren gern nahe, Standesamt und Feier nicht auf einen Tag zu legen, um freier, entspannter und ohne Druck zu sein. Rund 20 Stunden voller Adrenalin und Aufmerksamkeit sind nicht zu unterschätzen. Die ganze Zeit ein strahlender Gastgeber zu sein – da kann man schon an seine Grenzen stoßen. Den ganzen Tag im Mittelpunkt zu stehen, macht gerade zurückhaltenden Menschen ganz schön zu schaffen, egal, wie viel Champagner geflossen ist.

»Woche um Woche mit der Kamera die standesamtlichen Trauungen einzufangen – eigentlich ganz wundervoll, wenn man die unpersönlichen Standards der Beamten nicht schon auswendig kennen würde. Ich musste mich einige Male echt bremsen, nicht versehentlich mitzusprechen. Warum muss alles derart austauschbar und so beliebig sein?! Warum wird nicht jedes Paar zu seiner Geschichte befragt? Ein Hoch auf jede Ausnahme und eine hoffentlich bald neuere Generation von Standesbeamten!«

## Trauung im Standesamt

Wie gern würde ich die Trauzimmer unserer Standesämter gestalten – und auch manchen Beamten unter meine Fittiche nehmen!

Bis dahin bleibt uns Rednern leider nur eines: die Erwartungshaltung unserer Paare ein wenig zu bremsen und sie für unsere Freie Zeremonie zu begeistern.

Wer sich »nur« fürs Standesamt ohne Feier/Freie Trauung entscheidet, kann der Sache trotzdem etwas Pfiff geben: Lieblingsmusik zum (kurzen) Ein- und Auszug (auch Livegesang), danach einen Kaffee- oder Candywagen, etwas Flying Food, natürlich Sektausschank, ein Ritual und anschließend leckeres Essen mit Trauzeugen und Familie. Im Internet findet man rund um die Uhr echt spritzige Ideen!

»So schwer es meinem Brautpaar, zwei absoluten Familienmenschen, gefallen war, ohne ihre Familien getraut zu werden (schuld waren Disharmonien zwischen allen), es schien die beste Lösung. Immerhin sollte die Trauung am Strand stattfinden, in einem dieser schönen Stelzenhäuser. Doch je näher der Tag rückte, desto mehr litt meine Braut. Ein Jawort ohne anschließende Umarmungen von Eltern und Schwiegereltern schien ihr immer unerträglicher, doch gab es kein Zurück mehr. Für uns Fotografen ist es eine Ehre, Dienstleister und gleichzeitig (wie in diesem Fall) auch noch (einzige) Gäste zu sein. Gerade als mein Pärchen nach der Trauung die Treppe hinunterstieg, trauten sie ihren Augen kaum: Da standen jubelnd die Familien, gefüllte Sektgläser in den Händen, ebenso zwei riesengroße Luftballons. Diese Überraschung war das allerschönste Geschenk, das nur durch die Geburt ihres Kindes ein Jahr später getoppt wurde!«

Ich hatte ein Pärchen, das mich bei jedem Treffen derart zum Lachen brachte, und wenn ich heute an sie denke, lache ich schon wieder. Besonders über einen Einfall des Bräutigams.

Er wollte seiner Frau nämlich eine Vollmacht fürs Standesamt mitgeben, nachdem er recherchiert hatte, dass sein persönliches Erscheinen keine Pflicht war! Die Braut und ich wurden von Lachkrämpfen geschüttelt! Es ging doch nicht um einen Passantrag oder die Mitgliedschaft im Turnverein! Umso mehr freute ich mich, als er das Veto seiner Frau dann ernst genommen hat und beide Händchen haltend im Standesamt saßen, als Trauzeugen: ihre drei bellenden Möpse!

*»Bei uns begann der Morgen schon mit Chaos. Mein Schatz war völlig übermüdet, weil er ja unbedingt die halbe Nacht nach dem Umzug noch Wände streichen musste. Hätte ich geahnt, dass er nur Stunden später zu echt nichts mehr zu gebrauchen war, ich hätte ihm die Pinsel aus der Hand gerissen. Bereits im Auto gaben wir die falsche Adresse in das Navi ein, nämlich die vom Standesamt und nicht die, die auf dem Schreiben auf der letzten Seite stand – die ich nur zufällig auf dem Weg noch einmal aufgeschlagen hatte. Nach einem panikartigen Aufschrei meinerseits wendete mein Schatz den Bulli auf die Gegenfahrbahn, und mit quietschenden Reifen stoppten wir schließlich im Halteverbot am Zielort. Mit siebenminütiger Verspätung standen wir vor unserem Beamten, und während des Jaworts schleckte unser Hündchen mir die Füße!«*

Ein anderes Paar erzählte, dass sie diesen Pflichttermin beim Standesamt einfach in ihr tägliches Laufprogramm integriert hatten.

*»Reinjoggen, Pässe zeigen, Urkunde in den Rucksack, fertig! Immerhin – wir trugen Sportanzüge im Partnerlook!«*

»Trotz des besonders gemütlichen Fahrstils meiner Schwiegermama hatten wir enormes Glück und kamen rechtzeitig am Standesamt an. Schnell erledigten wir den Behördenkram, dann kam auch schon der erste Schock: Der Geburtsname meines Schatzes, der sich nach der Heirat seiner Mutter geändert hatte, stand gar nicht auf der Urkunde. Nächster Schock: Beim Eintritt ins Trauzimmer zu unserem Lied ›Dir gehört mein Herz‹ hing der Song, bis irgendwann gar nichts mehr ging. Unser Sohn hatte die Musik über sein Handy laufen lassen, wodurch sein Datenvolumen vorschnell ausgeschöpft war.

›Papa, kannst du mir Volumen geben?‹

Welche Situationskomik, die sich fortsetzte, als mein Mann als Erster Platz genommen hatte und ich mir meinen Stuhl allein heranschieben musste.«

## Das Hochzeitsdatum

Sind auch Sie ein Anhänger eines besonderen Datums? 8.8.? 9.9.? Viele Paare stürzen sich auf diese Daten, wenn sie schon mal auf ein Wochenende fallen … doch es gibt Alternativen! Wie wäre es mit einem Tag, der ebenfalls für Sie bedeutsam ist? Erster Kuss? Erstes Date? Es soll Paare geben, die sich sogar den (perfekten) Hochzeitstag nach Mondkalender, Numerologie oder astrologisch berechnen lassen.

# Kirche oder Freie Trauung?

407 493 Paare heirateten 2017 in Deutschland (Scheidungsrate 2017: 153 501), 42 523 heirateten kirchlich, der Rest mit einer Freien Trauung oder nur auf dem Standesamt.

*»Wir sind ja beide ausgetreten und nicht gläubig. Deshalb dachten wir an eine Freie Zeremonie!«*
Die Klassiker-Antwort auf meine Frage nach dem Warum.
*»Ihr meint, ihr seid nicht religiös!? Und trotzdem seid Ihr Glaubende, nicht wahr? Ihr glaubt an die Liebe, an euch und an die Ehe, oder?«*

Die Freie Trauung: frei von Konfession, Geschlecht, Ort und Konventionen – eben ganz nach den persönlichen Wünschen. Ob Er & Sie, Er & Er, Sie & Sie, Trans & Trans – ich will trauen, wo die wahre Liebe ist. Und Liebe wahr ist.

Freie Trauredner sind das Highlight direkt an Ort und Stelle einer Hochzeitsfeier. Ob unter freiem Himmel, am Strand, auf und unter Wasser, zu Berg und im Tal, umrahmt von Livemusik oder der Playlist vom DJ. Am Trautisch sitzen die Paare auf Wunsch mit ihren Trauzeugen, ganz entspannt im vertrauten Rahmen. Und wer auf Religion und Geistlichkeit nicht ganz verzichten will, der bucht den Freien Theologen.
Rituale, wie man sie von kirchlichen Trauungen her kennt, sind natürlich auch Teil einer Freien Trauung: der Einzug der Braut, das Eheversprechen, der Ringwechsel, Jawort, Kuss und feierlicher Auszug bilden stets das Fundament. Ideen und Fantasie machen den festlichen Rahmen persönlich.

## Die Freie Trauung und das liebe Geld

Haben Sie das Honorar für Freie Redner schon mal recherchiert? Ein wichtiger, sehr angenehmer Punkt aus meiner Sicht – den ich nicht unerwähnt lassen will. Gerade weil Paare bei diesem Punkt mitunter in eine Schockstarre verfallen. Ja, die Arbeit des Redners wird oft unterschätzt, weil Paare nur die Zeremonie-Dauer von knapp 45 Minuten in Betracht ziehen.

Bemisst sich der Wert nach seinem Preis? Ganz so einfach ist das nicht, denn schwarze Schafe gibt es überall. Die Honorare klaffen zwischen den Bundesländern ziemlich auseinander, auch ob Großstadt oder kleines Dorf, ist hier entscheidend.

Neulinge auf dem Markt verlangen zum Teil 600 Euro, dem gegenüber ein Profi mit einem Höchsthonorar von etwa 2200 Euro steht. Nicht jede Summe spiegelt die Qualität wider, doch gibt es Paare, die sich vom Preis beeindrucken lassen. Andere interessieren hingegen ausschließlich das Konzept, die Referenzen und Erfahrungen. Man kann bei Neulingen genauso viel Glück oder Pech haben wie bei Rednern mit »Exklusivhonoraren«. Unterm Strich aber ist die Arbeit intensiv und aufwendig und steht natürlich kaum in Relation zum Ergebnis, das gerade mal in rund 45 Minuten präsentiert wird.

»Eine Braut hatte schriftlich unsere Honorare angefragt, mutmaßte in ihrem Anschreiben aber gleichzeitig, dass sie von einem Stundenlohn um die 60 Euro ausginge, was für sie in Ordnung ginge. Die Zeremonie könne also gern auch eine ganze Stunde dauern. Wir wollten uns wirklich nicht über sie lustig machen, aber hier stand erst einmal Aufklärungsarbeit an! Erstaunlicherweise kam es trotzdem zu einem Treffen, das wir aber leider vorzeitig abbrechen mussten. Wir waren müde ob der zig Versuche zu feilschen, statt endlich unsere Arbeit bis zum Ende vorstellen zu dürfen.«

»Als Fotografin wollte ich Reaktionen und Mimik der Gäste während der Freien Zeremonie einfangen – doch weit gefehlt! Die Rednerin hatte nicht nur die angedachte Zeit voll überschritten, sie brachte auch nicht einen einzigen Gast zum Lachen, geschweige denn das Brautpaar zum Weinen vor lauter Rührung. Die Unruhe unter den mittlerweile sehr durstigen Gästen war derart spürbar! Doch statt zum Ende zu kommen, gesellte sich die Rednerin im Schlussakt auch noch zu den Gästen, um Wünsche für das Paar zu erfragen. Welch ein Trauerspiel, das angespannte Paar zu beobachten, das ebenfalls nur das Ende herbeizusehnen schien!«

»Knapp zwei Tage vor der Trauung, die Rede war längst fertig, bat die Braut mich noch um grobe Änderungen. Es sei ein Zeitproblem aufgetreten, geschuldet einer spontanen Überraschung ihrer Eltern. Und damit der Caterer nicht in die Bredouille kam, müsste das auf Kosten der

Zeremonie gehen. Erst war ich nur sprachlos, dann jedoch schockiert, als mir die Braut erklären wollte, die letzte Rate natürlich zu kürzen, weil ich nun weniger reden würde!«

*»Bei uns übernimmt der Onkel, der kennt uns am besten und kann auch gut frei sprechen.«*

Aha! Na dann! Dann …. wird es aber sicherlich kein Vergleich zur Trauung durch einen Profi sein. Könnte der Onkel nicht lieber einen Toast sprechen? Eine ganze Trauung zu leiten, das ist ein Handwerk für sich. Ich möchte niemandem sein Talent absprechen, doch wenn das Paar auf einer nächsten Hochzeit einen Vergleich erlebt, ist es für Reue zu spät. Lohnt es sich wirklich immer, Geld zu sparen – ausgerechnet an einem so bedeutenden Tag rund um die Liebe? Lassen Sie sich niemals überreden, im Sinne des Familienfriedens, und sagen Sie nie aus Mitleid jemandem zu, der seinen Auftritt braucht. Nur wenn es sich wirklich gut anfühlt, Sie genügend Vertrauen in die Person haben, dann sagen Sie Ja.

*»Bei uns macht's die Cousine. Die wollte ja schon immer so was machen. Und weil die auch schön singt, kriegen wir jetzt alles volle Kanne inklusive.«*

Wow! Ich liebe die sozialen Medien, in denen sich manche Postings spannend wie ein Krimi lesen.

Und wofür entscheiden Sie sich? Standesamt oder auch Kirche? Freie Trauung? Wer wird das Highlight Ihrer Feier übernehmen?

»Manchmal bleibe ich gern länger, lausche noch der Rednerin oder genieße den Anblick meiner Frisurenwerke bei der Braut und ihren Jungfern. So auch an jenem Samstag, als es auch nach 20 Minuten der Rednerin schlichtweg nicht gelang, die Menschen in ihren Bann zu ziehen, sie zu verzaubern oder auch nur eine kleinste Reaktion zu entlocken. Was muss erst in ihr vorgegangen sein, als sie ad hoc verkündete:

›Ich glaub, ich kürze jetzt mal besser ab!‹

Wirklich das Skurrilste, das ich je bei einer Trauung erlebt habe!«

»Nach der Vorspeise hatte es den ersten Toast von einem Gast gegeben. Nur war es jemand, der sich scheinbar selbst gern reden hörte. Durch wildes Gestikulieren und übertrieben temperamentvolle Gesichtsakrobatik muss er seine Fettnäpfchen wohl übersehen haben. Hätte er die Stimmung im Raum nämlich wahrgenommen, hätte er die Wogen mit allerschönsten Komplimenten sicher wieder glätten können!«

»Ein Toast des Brautvaters kann für die Braut besonders emotional sein, außer … er dauert länger als eine Freie Trauung und erweckt allein durch einen einzigen fatalen Satz die schläfrige Gesellschaft zum Leben, äh, Entsetzen! »… und im Urlaub konnte ich dann gar nicht mehr die Finger von ihr lassen!« Was für eine Fahrlässigkeit, die für betretene Stille, erstarrte Blicke, entsetzte Gesichter und Fremdschämen sorgte! Leider hab ich nicht mehr mitbekommen, wie und ob der Vater die Kurve gekriegt hat. Und auch nicht, ob das alles noch ein Nachspiel hatte, denn der Brautvater war ein bekannter Mensch der Öffentlichkeit!«

»Der Brautvater, ein Immobilienhai, hatte seinem Einzelkind-Töchterchen und Schwiegersohn gerade eben ein Schloss geschenkt und sprach nun seinen Toast ... und sprach ... und sprach ... inhaltlich ging es um typische Luxusprobleme. Die Gäste standen stocksteif da, und ich hatte Mitleid mit dem Paar – besonders, weil unter den rund 40 Gästen gerade mal vier aus dem Freundeskreis anwesend waren. Der Rest waren Geschäftspartner des Vaters, die dann zu später Stunde auch noch Geld am Billardtisch verzockten!«

Die Alarmglocken läuten spätestens dann, wenn Gäste pikiert zu Boden blicken, auf ihren Sitzen unruhig hin und her rutschen oder vor sich hin hüsteln, um sich wach zu halten. Und was sagt uns das? Reden und Toasts sind kein Zuckerschlecken, man braucht tatsächlich eine Menge Fein- und Fingerspitzengefühl, darf weder angreifen noch werten noch langweilig sein.

Der »Rede-Knigge« verrät: Tabuthemen und No-Gos sind Krankheitsdiagnosen, gescheiterte Ex-Beziehungen, unerfüllte Wünsche, intime Geheimnisse und auch geplatzte Träume.

Dann kann man nur hoffen, dass der Redner seinen erfolglosen Auftritt reflektiert und seine Tätigkeit vielleicht noch einmal überdenkt bzw. der Toast-Sprecher sich beim nächsten Mal nicht derart überschätzt und besser auf neutralem Boden seine Bühnenpräsenz sucht.

Eine Trauung ist eine reine Herzensangelegenheit. Wer die Rednerei als Hobby für das schnelle Geld betrachtet, dem rate ich, sich lieber nach was Neuem umzuschauen.

Wie sollen sich die Gäste nach einer misslungenen Trauung verhalten? Wer die Toleranzschwelle, die Grenze des guten Geschmacks übertritt, löst mit Sicherheit ein kollektives Stimmungstief aus. Und dann helfen wirklich erst mal nur eine Runde Grappa und stimmungsvolle Musik eines empathischen DJs, der die Stimmung wieder rumreißt!

&

»Die besten Einschlaf-Predigten kamen von Pastoren, die für ein Gähnen bis zur letzten Reihe sorgten. Bis auf eine Ausnahme – ein junger Pastor, der beim Verlesen von Anekdoten geschickt die Gäste miteinbezogen und für mächtig Action in der Kirchenhalle gesorgt hatte. Es ist wirklich zu wünschen, dass die neue Generation der Geistlichen noch eine Menge Staub aufwirbelt, denn diese Zeit schreit lange schon nach einer Erfrischungskur!«

Apropos kirchliche Trauung: Ein wesentlicher Punkt, der immer wieder zu Enttäuschungen führt, sind priesterliche Verbote. Wenn der Pfarrer untersagt, dass die Braut vom Vater zum Altar geführt wird, weil das Brautpaar gemeinsam ein-laufen soll! Aber warten nicht die meisten Mädchen-Papas und erst recht die Töchter auf diesen Augenblick? Wer maßt sich an, das zu verbieten? Ich sehe die wunderschönen Bilder von den Vätern meiner Bräute vor mir, die oft mit Tränen in den Augen vor meinem Trautisch ihre Prinzessinnen an ihren Zukünftigen übergaben. Und fehlte mal der Papa, sprangen Großväter, Mütter, Schwiegerväter, Brüder, Söhne oder beste Freunde ein. In all meinen Jahren gab es nur ein einziges Paar, das gemeinsam einlief – in Laufschuhen, weil Laufen ihre größte Leidenschaft war. Es ist meine Aufgabe, meine Paare in allem zu unterstützen. Hauptsache, meine Bräute gehen nicht allein, obwohl es auch hier natürlich – auf Wunsch – auch Ausnahmen gibt.

*»Aber Conni, ich bin doch schon groß!«*
  *»Das weiß ich doch, und sogar größer noch als ich! Aber der Weg hat ja auch eine Bedeutung …«*

Ich versuche es immer. Es macht mich regelmäßig traurig, wenn eine stolze Braut allein diese Schritte geht. Ohne eine Hand oder einen Arm, an dem sie in diesem aufregenden Moment Halt finden kann.

»Für den wohlhabenden Bräutigam war es die dritte Ehe, für seine Frau Premiere. Ich traute die beiden samt den sechs Patchwork-Kindern und hatte von Anfang an diese große Liebe und ihr gegenseitiges ›Angekommen!‹ gespürt. Die ehemaligen Partner der beiden befanden sich unter den Gästen, durften aber in der Rede nicht erwähnt werden, um mögliche Verletzungen auszuschließen. Ich sprach mit sehr viel Soul und Humor und ließ – wie gewünscht – spontane Herzenswünsche für das Brautpaar rufen. Und womit brachte eins der Kinder alle zum Lachen? ›Lieber Papa, ich hoffe sehr, dass das nun deine allerletzte Hochzeit war!‹ Zum Auszug spielte ein Orchester ›All you need is love‹, und auch ich konnte meine Tränen nicht mehr zurückhalten.«

Sehr beliebt sind Trauungen auf einem Boot. Allerdings: Befinden sich unter den Gästen Freunde aus anderen Städten, läuft man als Rednerin Gefahr, mit all den Sehenswürdigkeiten zu konkurrieren. Zu spannend ist die kleine Stadtrundfahrt für so manchen Gast, der seine Aufmerksamkeit nicht ausnahmslos dem Geschehen am Trautisch schenkt. Auch möglicher Wellengang kann für manche zur Challenge werden, daher bitte Tabletten gegen Übelkeit bereithalten beziehungsweise rechtzeitig einnehmen! Nicht zu unterschätzen ist auch die Geräuschkulisse der Motoren, die so manches Liebeslied voll übertönt. Und wer besonderen Wert auf Dekoration legt, sollte bei der Bestuhlung vielleicht ein bisschen nachhelfen. Ich möchte Trauungen zu Wasser überhaupt nicht madig machen – außerdem hatte ich ja hier meine schöne Feuertaufe.

Sind Sie jetzt schon etwas klüger? Wie gehen Sie denn generell bei der Auswahl von Dienstleistern und Angeboten vor?

Achten Sie bei einem Redner vordergründig auf Stimme, Sprache, Erscheinungsbild, Website, Eloquenz, Lebendigkeit, Witz, Empathie, Vortragsfreude – schauen Sie zunächst auf das, was eine – nein, IHRE Trauung besonders auszeichnen würde! Treffen Sie eine Vorauswahl, doch verabreden Sie sich nicht mit mehr als zwei bis drei Anbietern, mit denen Sie vorab telefoniert haben sollten. Zeit ist wertvoll und sollte gerade in der Planungszeit nicht verschwendet werden. Das erste Telefonat kann aufschlussreich genug sein, um ein Treffen zu vereinbaren oder sich lieber für immer zu verabschieden.

*PS: Wissen Sie, wovon ein paar Kollegen und ich träumen? Von einer Trauung im Tiefschnee, mit Kutschen, Fackeln, warmen Fellen. Und von einer um Mitternacht. Am Wasser, unter Sternen und mit einer Opernarie zum Auszug. So richtig schön ergreifend!*

»Ich habe etwas erlebt, womit ich niemals gerechnet hätte – dass ich bei einem Kennenlerntermin, den ich mit meiner Braut vereinbart hatte, auf einmal vor DEM Mann stehe, den ich Jahre zuvor bereits getraut hatte. Überraschend und komisch zugleich, weshalb ich ihnen augenzwinkernd eine Kollegin aus meinem Team vorschlug – die würde vielleicht mehr Glück bringen.«

»Frisch verlobt und voller Enthusiasmus stürzte ich mich in die Planung. Die Location war unter Dach und Fach, und ich rief die erste Rednerin auf meiner Liste an. Welch Ernüchterung nach nur wenigen Minuten, nachdem die Dame doch tatsächlich bemängelt hatte, dass ich noch nicht einmal eine Vorstellung von (m)einer Zeremonie hatte und ich ihr keine Ideen liefern konnte. Sie gab mir das Gefühl, keine Ahnung zu haben, weshalb die Sache mit ihr für mich gelaufen war. Doch welch Überraschung, nach einer Woche eine Mail von ihr zu kriegen, wie lange sie unseren Wunschtermin eigentlich noch freihalten soll! Und weil ich nicht gleich antworten konnte, hatte ich am Abend bereits die nächste im Postfach, ob ich nicht bitte mal reagieren könnte! Für mich das i-Tüpfelchen, das alles nur bestätigt hatte. Am Ende sollte alles so sein, weil wir unsere Traumrednerin schließlich in einer anderen Stadt fanden!«

»Wir hatten ein paar Redner angefragt, konkret auch Tag und Zeit genannt. Erstaunt waren wir, nachdem wir glatt von einem gefragt wurden, ob wir nicht vorverlegen könnten, weil er um 15 Uhr bereits die nächste Trauung hätte! Er mag es ja nett gemeint haben, doch wollten wir, dass sich nach uns gerichtet wird, nicht umgekehrt.«

»Voll verschleiert schritt ich an der Seite meines Mannes den langen Weg zum Kirchenaltar. Was freuten wir uns auf die Worte des Pastors – und hatten natürlich keine Ahnung, dass der den Fokus auf Fruchtbarkeit legen würde. Die Folge war, dass man uns sofort eine Schwanger-

*schaft andichtete. Als wir endlich zu Mann und Frau erklärt wurden und ich DEN Kuss kaum erwarten konnte, war mein Mann komplett überfordert. Wir hätten das Heben des Schleiers vorher vielleicht einmal üben sollen. Ich sagte also nur: ›Nun nimm ihn schon hoch und küss mich endlich!‹ Ich hätte beinahe einen heftigen Lachkrampf bekommen und habe gerade noch die Kurve gekriegt!«*

»Es war einer dieser brüllend heißen Sommertage, an denen gefühlte fünf Millionen Wespen unterwegs waren, von denen die Hälfte meine Nähe suchten. Und dann, in einem sehr entscheidenden Moment – es war der Absatz mit den beiden Wunschkindern –, nahm die größte ausgerechnet auf meinem Mikro Platz. Reflexartig schnippte ich sie weg und schimpfte ihr kurz hinterher: ›Diese lääästigen Biiiiester!‹ Ich hatte nicht mitbekommen, wie laut ich gerade ins Mikro geschrien hatte, dass selbst die Gäste aus der letzten Reihe erschrocken blickten. Das Insekt konnten sie nicht sehen. Und was sagt mir der Bräutigam mit seinem trockenen Humor? ›Na, soooo schlimm sind die Kinder nun auch wieder nicht!‹

Ich hätte beinahe losgeprustet, klärte aber lieber den Sachverhalt auf. Man konnte einfach nur darüber schmunzeln!«

»Ich wollte mit meinem Frauenpaar gerade die Traufrage abschließen, hatte den Musikern soeben das Zeichen für den Auszug gegeben, als ich komplett aus der Spur fiel und inbrünstig sagte: ›Es ist mir eine große Herzensfreude, verkünden zu können, dass ihr als Mann und Frau nun …!‹ Verdammtes Fettnäpfchen! Am liebsten wäre ich im Erdboden versunken, doch Gott sei Dank grölten und klatschten die Gäste, was meinen Fauxpas etwas erträglicher machte.«

»Vor jeder Trauung zünde ich ganz kurz die Hochzeitskerze an, teste ihren Docht und puste sie dann wieder aus. Eigentlich! Theoretisch! Bis auf dieses eine Mal – und ich zum Brautpaar sprach: ›Und nun zünden wir feierlich die …!‹ Verdammt! Zum Glück nahm es mein Brautpaar mit Humor, was die Stimmung bereits am Anfang schön hebt!«

»Viele meiner Paare wünschen sich den Satz vom *Kleinen Prinzen*, den weltberühmten Klassiker ›Man sieht nur mit dem Herzen gut‹. Wirklich kein Kunststück, den auswendig zu kennen, umso peinlicher mein Patzer, als ich sagte: ›Man sieht nur mit den Augen gut! Das Unsichtbare …‹ – weiter war ich nicht gekommen, denn schallendes Gelächter hatte mich aufs Fettnäpfchen hingewiesen!«

# Die Planungsphase –
# nichts ist unmöglich!

Der Zeitaufwand bei Hochzeiten um die 200 Gäste beträgt etwa eineinhalb bis zwei Jahre. Bei bis zu 30 Gästen reichen für Schnellentschlossene mitunter fünf Monate.

Die Hochzeit – ein einmaliges Gesamtkunstwerk, das Ihre Handschrift trägt! Sosehr das Paar, besonders die Braut, den Hochzeitstag von A bis Z schon durchfantasiert hat, noch weiß sie nicht, dass doch mitunter alles auch ganz anders kommen kann. Niemand kann in die Zukunft schauen. Wer rechnet schon mit Stau auf der Autobahn? Oder damit, dass die Kinderagentur beim Nachwuchs der Gäste nicht den richtigen Ton findet, die Ballons falsch gesichert werden und selbstständig den Abflug machen?

Am großen Tag trennt sich die Spreu vom Weizen: Überwiegen Humor und Contenance, oder gibt es Wut, Enttäuschung und erste Tränen? Selbstmitleid oder aufstehen, Krone richten und weitermachen?

Es lässt sich einfach nicht alles planen! Doch keine Sorge – das Glas ist nie halb leer, und so lange sollte man das Beste aus den letzten Tropfen machen! Am Ende war alles nur so schlimm wie der Umgang mit Unvorhergesehenem!

Ihr Fest ist das Ergebnis langer Vorbereitungen, Planungen, erfüllter Wünsche, Träume und Visionen. Und es geht natürlich um die Zustimmung des Bräutigams – denn meistens sind es doch die Bräute, die ihre Vorstellungen verwirklicht sehen möchten –, den Segen der Familie und die organisatorischen Fixpunkte Standesamt, Kirche, Fest. Zukünftige Bräute schlüpfen in eine völlig neue Rolle, entdecken mit Freude ihr Romantik- und Planungsgen, mit dem die Männer kaum mithalten können. Umso schneller kullern bei ihnen auch mal die Tränen, wenn die Erwartungen der Realität plötzlich nicht standhalten konnten. Und dabei schien doch alles gut geplant …

Hochzeitsselbsthilfegruppen, Weddingvereine, Liebesforen rund um die Uhr und ein Buchmarkt voller Ratgeber von A bis Z stehen zukünftigen Bräuten mit Rat und Tat zur Seite – oder verwirren sie noch mehr. Machen Sie sich nicht verrückt! Ziehen Sie Grenzen, um nicht im Labyrinth verloren zu gehen. Lassen Sie sich gerne inspirieren, doch scheuen Sie bitte den Vergleich – Sie sind unvergleichlich! Wer es anderen gleichmachen will, ist am Ende vielleicht nur eine (schlechte) Kopie! Ihre Feier ist mit nichts zu vergleichen – bleiben Sie ganz bei IHREN persönlichen Bedürfnissen!

Und vergessen Sie niemals den Kern der Sache, die Botschaft – das, worum es geht, den Wunsch, der über allem steht: Ihren Lieblingsmenschen zu heiraten und sich ihm zu versprechen.

Haben Sie schon darüber geredet, was dieses Versprechen eigentlich bedeutet und beinhaltet?

Ich wünsche mir, dass Sie zu jenen gehören, die die Liga derer vergrößern, deren Jawort wirklich noch Wert hat.

Ich betrachte die Scheidungsrate und frage mich, warum … WARUM?

Bei der Planung ist ein ungefährer Zeitablauf natürlich sinnvoll, weil er Sicherheit und Orientierung bietet. Doch sollte das Korsett nicht zu eng geschnürt sein, um Spielraum für Unverhofftes zu lassen. Minutiöse Zeitabläufe verursachen unnötigen Stress. Manchmal passiert einfach etwas, das man nicht beeinflussen kann. Das Leben hält sich nicht an jeden Plan, scheint schlichtweg seinen eigenen zu haben und schlägt uns mitunter ein Schnippchen. Doch ich wiederhole gern: Die Stimmung kippt nicht, weil der Brautstrauß vergessen wurde, sondern durch den Umgang der Braut mit der Szenerie. Die eine wird lachen, die andere sich vor Wut wie ein störrisches Kleinkind auf den Boden werfen. Wahrscheinlich beschmutzt sie dabei ihr Kleid, das dann noch reißt, wenn ihr Mann ihr wieder auf die Füße helfen will. Und ist das Pech erst mal so voll in Fahrt, reißt die Serie auch nicht ab, bis … das alles mit Humor genommen wird.

Ich weiß von Feiern, die mit Regentänzen im Garten endeten, mit Matsch und Gras an nackten Füßen. Und trotz allem war die Stimmung fantastisch, weil es keine Rolle spielte, ob das Haar noch saß und die Mascara wirklich wischfest war!

»Meine Braut wollte nichts dem Zufall überlassen und plante von Anfang an akribisch und detailverliebt – trotz einer Weddingplanerin im Hintergrund. Der Anspruch meiner Braut war hoch – endlich sollte sich ihr Märchentraum erfüllen! Nach Abschluss ihrer Castings mit diversen Dienstleistern wurden ganze Aktenordner mit Korrespondenzen gefüllt und an jeden ein 20-seitiges Pamphlet zum Ablauf der Feier verschickt. Wichtigster Punkt: Alle sollten sich dem unterordnen! Doch was hatte sie mit dieser Akribie schon fast heraufbeschworen? Eine wahre Pannenserie! Bereits das ›Getting Ready‹ dauerte 30 Minuten länger, als das Protokoll vorsah! Nach der kirchlichen Trauung fehlte die Torte zum Sekt, weil der Konditor einen Unfall hatte und sein Zuckerwerk dabei zu Schaden kam! Schließlich wurde mein Paar auf dem Weg zur Location noch von der Polizei aus dem Verkehr gewunken, weil es auf der Autobahn zu langsam fuhr (es hatte für eine Fotostrecke stehend aus dem Autodach geschaut, für sexy Wind im Haar). Der Clou: Diese Feier war derart unvergesslich traumhaft – und die überraschende Gelassenheit des Brautpaars wurde am Ende noch belohnt: Der Konditor tauchte mit einem neuen Tortenkunstwerk auf, das nun als Nachtisch zum Dinner aufgefahren wurde! Ein tolles Fest, das bis in den Morgen ging!«

*Fazit:* Perfektion in allen Ehren, wir sind keine Hellseher! Je entspannter Sie und Ihre Gäste sind, desto weniger Druck, Last und Scham liegen auf Ihren Schultern! Und am Ende war gerade das überraschend Ungeplante das Nonplusultra. Aus dem, was man nicht ändern kann, lässt sich trotzdem das Beste zaubern! Alles andere ist keine Option!

»Ein Beispiel einer misslungenen Planung: Der Bräutigam hatte sich aufgeführt wie der letzte Promi, der angeblich nirgends ungestört und unerkannt auftauchen könne – und dabei kannte ihn niemand!

Äußerst ungewöhnlich war, dass dieses Paar seine Gäste in A- und B-Teams eingeteilt hatte. Während Team A in den Genuss des vollen Programms kommen durfte, war es Team B verwehrt worden. Bis darauf die ›Strafe‹ folgte: Man hatte nämlich nicht mit dem Zeitverlust auf der Barkasse gerechnet. Genau das hätte einfach nicht passieren dürfen. Während Team A hier schön feierte, wurde Team B zeitgleich von einem kurz zuvor verratenen geheimen Ort mit einem Bus zur Location gebracht. Blöd nur, dass Team B unmöglich vor Team A erscheinen durfte, weswegen der Bus mit voller Besatzung noch geschlagene zwei Stunden eine Sightseeingtour durch den Abendverkehr machen musste. Kein Wunder, dass die Stimmung kippte – was noch gesteigert wurde, als Team B endlich eingetroffen war. Schnell sprach sich nämlich herum, wie lecker Team A gerade gespeist hatte. Ab jetzt machte sich endgültig Unmut unter allen breit, und erste Gäste verließen das Fest. Beide Teams fühlten sich miserabel, und Streitereien eskalierten; Freunde verhielten sich plötzlich wie Feinde.

Natürlich war dem Brautpaar das Ausmaß seiner furchtbaren Planung längst bewusst geworden, und man hatte zu Recht den Einsatz der Weddingplanerin hinterfragt. Im Nachhinein erfuhr ich, dass keine Feierstimmung aufgekommen war, auch wenn das Paar krampfhaft nach dem

Motto handelte: ›The show must go on!‹ Ein Jahr später gab das Paar schon wieder seine Trennung bekannt!«

»Sie kam aus einfachen Verhältnissen, sprach ständig von den Freundinnen der ›besseren‹ Gesellschaft, deren Hochzeiten selbstverständlich (!) alle von Weddingplanern organisiert wurden. Nun hatte meine Braut derart der Ehrgeiz gepackt, mit ihrem Fest die anderen noch zu toppen, dass ich mir den Druck leicht ausmalen konnte. Zum wahren Wettkampf war die Planung mutiert, und irgendwann war sie an ihre psychischen wie physischen Grenzen gestoßen. Bei mir stornierte sie auf einmal ihre Kunstwimpern und kurz darauf sogar das Make-up, das angeblich ihre Schwester übernehmen wollte. Ein Punkt nach dem anderen wurde von der Liste gestrichen! Die Erklärung: Ihr Zukünftiger, der ihr stets großzügig freie Hand gelassen und komplett vertraut hatte, verlangte plötzlich eine Kostenübersicht. Und dann ist alles schnell gegangen: Nachdem der Mann aus allen Wolken fiel, ein Streit eskalierte, wurde die Hochzeit schließlich abgeblasen! Wäre sie doch einfach nur bei SICH geblieben! Auch nach Jahren kann die Liebe ein ganz zartes Pflänzchen sein, das eingeht, wenn man es mit Oberflächlichkeit und Künstlichem begießt.«

»Viele Männer sind in der Vorbereitungszeit einfach nur Jasager und Abnicker der noch verrücktesten Ideen ihrer Frauen, die ständig wie Duracell-Häschen durch die Gegend hüpfen. ›Ach! Hauptsache, sie ist glücklich, und ich *hab meine Ruhe! Happy wife = happy life!‹*, rechtfertigen viele ihren Rückzug, als ginge sie die Heirat nichts mehr an. Manche erkennen ihre Frauen nicht mal mehr wieder, weil sie durch Eifer und Engagement Verhaltensweisen an den Tag legen, die zuweilen befremden.«

Ich möchte Sie lediglich für diese spannende, doch manchmal überspannte und auch angespannte Hoch-Zeit mit gewissen Tiefs auf dem Weg zum Ziel, zum Traualtar, sensibilisieren. Nicht ohne Augenzwinkern natürlich!

&

»Ständig hatte meine Braut betont, wie anstrengend sie doch sei. Mir wäre das so schnell nicht aufgefallen, hätte sie den Satz nicht ständig wiederholt. Als ich sie an ihrem Hochzeitstag in der Hotelsuite aufsuchte, hörte ich sie fürchterlich mit ihrem Mann herumschreien. Nach kurzem Klopfen stand mir eine sehr perplexe Braut gegenüber, der das Entsetzen und die Scham ins Gesicht geschrieben waren.

Schlagartig änderte sie ihren Ton, begrüßte mich mit sanfter Stimme und gab an, gerade noch mal die Tanzschritte eingeübt zu haben. Der Raum war sehr beengt, der Bräutigam mir sehr behilflich, Platz zu schaffen, wobei er – zum Leidwesen seiner Frau – fälschlicherweise eine Schüssel Pralinen in der prallen Sonne abgestellt hatte, wodurch sich die Braut derart provoziert fühlte, dass sie prompt wieder zu schreien begann! Ich werde niemals ihren Ton vergessen! Normalerweise frisiere ich meine Paare in getrennten Räumen, bis auf diese Ausnahme. Als kurz darauf die Fotografin erschien und ihre Ausrüstung aufs Bett warf, gab der Braut das den Rest! Ich erwähne noch, dass nicht ein einziger Dienstleister den völlig unrealistischen Zeitplan einhalten konnte. Zu guter Letzt wollte die Braut auch noch spontan geflochtene Bänder für ihre Blumenkinder haben – etwas, das üblicherweise vorher beim Floristen in Auftrag gegeben wird. Fazit: Jeder von uns machte drei Kreuze, als seine Aufgabe beendet war!«

Voller Euphorie wird eine lange Liste möglicher Ideen, Angebote und Dienstleister erstellt, die immer wieder angepasst wird. Weil man sich verkalkuliert hat, sich ohne Profi an der Seite unerfahren und blauäugig durch das Dickicht kämpfte und irgendwie mehr Frust als Lust erfuhr. Die Herzensangelegenheit geht fast schon unter, weil der Fokus auf dem ganzen Drumherum liegt. Und dabei sollte nichts diesen großen Augenblick zwischen zwei Liebenden jemals toppen! Was ist noch mal der Kern der Hochzeit? Ach ja …

Wer neben einem Vollzeitjob seine Hochzeitsfeier – womöglich noch im großen Stil – plant, kann unweigerlich an seine Grenzen stoßen. Kaum ein Fest wird so detailverliebt geplant und dekoriert. Bevor Sie loslegen, stellen Sie sich die Frage, ob Ihnen das Planen im Blut liegt! Und geben Sie eine ehrliche Antwort! Wenn Planen nicht zu Ihren herausragenden Eigenschaften gehört, strecken Sie bitte Ihre Fühler nach Unterstützung aus. Es muss nicht gleich der Profi sein, vielleicht haben Freunde und Verwandte Lust, mitzuorganisieren. Die eine Freundin sammelt Ideen für Gastgeschenke, die Cousine schaut schon mal nach Blumenschmuck, und jemand anderes unterstützt bei Inputs für die Deko. Beim Planen kommt man schnell vom Hölzchen aufs Stöckchen, bis man den Wald vor lauter Bäumen nicht mehr sieht. Merke: Nicht alles, was reizvoll ist und neugierig macht, ist dringend notwendig. Was ist unverzichtbar? Hören Sie zu 100 Prozent auf Ihren Bauch! Aber vor allem delegieren Sie, vertrauen Sie, lassen Sie los, um Nerven und wertvolle Zeit zu schonen. Vergessen Sie nicht, dass auch in dieser Zeit noch immer Raum für Zweisamkeit sein muss.

Sitzt jetzt das Budget nicht ganz so locker, laden Sie Freunde und Familie zu kreativen Stunden ein. Köpfen Sie den Sekt und kleben, schneiden, falten Sie drauflos! Es lebe DIY! Wenn Sie die Anzahl der Gäste nicht verringern wollen oder können, streichen Sie vielleicht die Cocktails und Schnäpse von der Getränkeliste und ersetzen Sie die Liveband durch einen DJ.

*Dienstleister und Kosten*
*Je größer die Zeitspanne zwischen Antrag und Hochzeit ist, desto entspannter kann das Paar sein. Doch auch ein ganzes Jahr, das gestern noch in weiter Zukunft lag, ist morgen fast schon Gegenwart! Trotzdem starten Sie nicht gleich gehetzt los. Schauen Sie sich um, vergleichen Sie in aller Ruhe, und entdecken Sie auf Messen tolle Inspirationen. Setzen Sie auf Klasse, nicht auf Masse; eher aufs*

*Detail, in dem die Liebe sichtbar wird! Qualität und Wert*
*bestimmen zwar oft den Preis, doch sollte Ihnen an IHREM*
*Tag das Beste gut genug sein. Lassen Sie sich folgenden*
*Satz mal auf der Zunge zergehen:*
*GEIZ WAR NIEMALS GEIL! GEIZ IST GIFT!*
*Sparsamkeit ist etwas anderes – aber ich bin sicher, Sie*
*kennen den Unterschied genau und haben auch schon*
*Menschen erlebt, die am meisten gegeben haben, ob-*
*wohl sie es sich am wenigsten leisten konnten.*

Was die Kontaktaufnahme mit Dienstleistern – besonders
Rednern – angeht, erfolgt diese sehr oft schriftlich. Was erlebt man nicht alles für spannende Unterschiede.

*Variante 1:*

»*Hallo, wir suchen eine Rednerin. Was kostest du denn so?*«

Oh, eine Rundmail!? Trotzdem antworte ich freundlich
und schnell.

*Variante 2:*

»*Liebe Conni Köpp, wir sind gerade auf der Suche nach einer*
*Freien Rednerin am XX. Auf Ihrer Seite waren wir bereits und*
*würden uns freuen, Sie persönlich kennenzulernen, falls unser*
*Tag X bei Ihnen noch frei wäre!*«

*Variante 3:*

»*Guten Tag! Wie ist denn Ihr Preis? Wie lange reden Sie?*
*Wann darf man die Texte lesen und zur Not auch korrigieren?*
*Wie viele Reden machen Sie im Jahr? …*«

Wie bitte? Man muss schon ziemlich erfinderisch sein,

hier mit Antworten zu kontern, die nicht zeigen, dass man einen (verdeckten) Mitbewerber entlarvt hat.

Hätten Sie es auch ganz gern so einfach wie möglich? Nur verständlich! Bezogen auf die Honorare, haben sich auch meine Paare schon geärgert, sie nicht immer auf der Homepage des Anbieters zu finden. Stattdessen liest man oft, dass alles individuell besprochen und berechnet würde. Für mich ist das nicht nachvollziehbar. Gilt denn nicht für jedes Paar das gleiche Honorar, unabhängig davon, ob – individuell – noch Flüge oder Hotelübernachtungen dazukommen? Ich weiß aus Erfahrung, dass nicht jedes Paar erst zum Hörer greifen und in Gespräche verwickelt werden will, nur um mal eben einen Preis zu erfahren.

Redner sind (noch) nicht tarifgebunden, was Vor- und Nachteile für alle Seiten hat. Dafür sind wir aber frei in unseren Entscheidungen, frei, auch mal Ausnahmen zu machen, indem wir zugunsten des Brautpaars an der Preisschraube drehen. Auch ich kam bereits zwei jungen Paaren entgegen, weil wir uns unbedingt haben wollten, doch mein Honorar zu weit über deren Möglichkeiten lag. Ein schlechtes Gewissen gegenüber meinen besser verdienenden Paaren muss ich deshalb nicht haben. Dieser Spielraum muss einfach möglich sein, wenn man liebt, was man tut.

Ich weiß, dass sich nicht alles in Scheinen ausdrücken muss.

Um meine Entscheidungsfreiheit voll auszunutzen, vollzog ich 2017 bei meinen Paaren einen Test, ein sogenanntes Pilotprojekt für genau eine Saison: Ich gab ihnen einen Spielraum vor, in welchem sie mein Honorar selbst bestimmen konnten. Ich weiß nicht, wie ehrlich sich alle eingeschätzt haben, aber ich hatte keinen Grund zur Unzufriedenheit. Weil ich aber merkte, wie schwer sich manche damit taten, den Preis selbst zu bestimmen, gab ich meine Idee wieder auf.

Das liebe Honorar ... Ich klopfe auf Holz, weil Negativerfahrungen ein Fremdwort für mich sind! Nicht so für Kollegen, deren Beiträge ich gelegentlich in sozialen Netzwerken verfolge. Wenn Verzweifelte sich Luft machen und den Austausch mit Kollegen suchen. Wenn nur ein einziger Kunde nicht zahlt, steht schnell eine Existenz auf dem Spiel. Im schlimmsten Fall hängt der Dienstleister dann seinen Traumjob wieder an den Nagel, nachdem seine letzten Reserven in die Taschen eines Anwalts flossen, der das vereinbarte Honorar erstreiten muss. In den Gruppenforen geht es nicht mehr nur um den Austausch von Erlebnissen, sondern auch um Rechtliches (Tipps zu Verträgen, Mahnungen, Anwälten und Notaren).

Ich persönlich bin weit entfernt davon, meinen Paaren katalogdicke Verträge (mit allen Nebenwirkungen und dank ABG, DSGVO) in die Hand zu drücken. Ich schließe meine Verträge mündlich ab. Man kann doch über alles reden! Diese Aussage eines Weddingplaners blieb mir vor wenigen Wochen in einem Forum nahezu im Halse stecken:

*»Ich arbeite doch nicht mit Dienstleistern, die keine Verträge abschließen! Die sind doch niemals seriös! Von ›gut‹ mal ganz zu schweigen!«*

Seriös = Vertrag = gut?

Was für eine Formel – nur eben nicht meine!

Dass Agenturen Verträge machen, ist Usus. Ich bin nur für mich verantwortlich und kann also weiterhin entspannt bleiben. Gilt denn mein Wort nicht, sind alle Absprachen, die vis-à-vis getroffen wurden, nichts als leere Hülsen? Würde ich meinen Paaren nicht trauen oder würden sie an mir zweifeln, beeinflusste das meine Arbeit erheblich. Sobald ich das Gefühl hätte, etwas Negatives würde mitschwingen, würde ich den Auftrag ablehnen. Ein Hoch auf meine bisherige Intuition!

Jeder Redner tickt anders, sowohl in seiner Art als auch in seiner Arbeit und auch beim Vertragsabschluss.

Wir sollten einander nie werten und ausnahmslos Kunden anziehen, mit denen die Arbeit Freude macht und an die man sich auch nach Jahren gern erinnert. Die Realität sieht trotzdem anders aus – wie im wahren Leben eben: Die einen ziehen positive Menschen (Kunden) an, die anderen rutschen von einem Fettnapf in den nächsten.

Noch bin ich nicht die Letzte mit einem »Handschlag-Tick«, doch scheint meine Spezies langsam auszusterben.

*»Bei mir gab's jahrelang keine schriftlichen Verträge, bis ich zum ersten Mal eine schlechte Erfahrung machen musste. Jetzt halte ich wirklich alles schriftlich fest!«*

SIEHST DU??? Hörst du bereits die Schlaumeier in den Reihen?

Ich hatte der Frau eine Nachricht geschickt und sie gefragt, ob ihre Paare zuvor denn gar nicht mehr zählen? Ob eine einzige Negativerfahrung wirklich alles über Bord werfen kann?

»Mag stimmen, doch habe ich natürlich Schiss, dass sich das wiederholt!«

Vielleicht. Vielleicht auch nicht. Liegt der Fokus nun auf Angst und Unsicherheit, dann sollte man unbedingt Verträge abschließen. Doch was, wenn es nur die berühmte Ausnahme war, ein einmaliges »Lehrgeld« für was auch immer?

*»Wir wollen uns und unsere Paare einfach nur absichern!«*

Klar! Will ich auch! Doch wogegen eigentlich? Gegen Eventualitäten? Ich werde weder mein Wort brechen noch jemanden im Stich lassen, der sich auf mich verlassen hat. Und ein Plan A+ liegt stets bereit, falls wirklich mal höhere Gewalt eintritt (Unfall, Krankheit, Stau), wovor natürlich auch mein Paar nicht gefeit ist.

Meine Rede ist rund zwei Wochen vor der Trauung eingetütet, und ebenso die Zusage, um die gewünschte Zeit zu trauen (zur Not springt eine meiner Perlen ein), ist wie das Amen in der Kirche. Punkt.

Ich respektiere die Meinung der anderen. Ich weiß genau, dass hinter Entscheidungen sehr oft Prinzipien oder schlechte Erfahrungen stehen.

PPS: Apropos Verträge – werden Sie einen *Ehevertrag* abschließen? Ich hatte vor ein paar Monaten mit einem Kumpel aus der Versicherungsbranche darüber debattiert:

*»Conni! Das ist die Basis für eine Ehe! Nur vergessen die meisten, den Vertrag auch immer wieder anzupassen!«*

*»Ist das nicht eher die Basis für eine Trennung?«*

Er lachte nur. Ich gehe hier nicht weiter darauf ein.

Das Internet – ein Jahrmarkt der Kuriositäten und aller Spezies: schwarze Schafe, Blender, Neider, Betrüger, Abzocker, Falschredner und Trittbrettfahrer neben – Gott sei Dank – wundervollen Herzensmenschen und Profis. Es braucht oft Menschenkenntnis und ein gutes Gespür, die einen von den anderen zu unterscheiden.

Was war bei Ihnen ausschlaggebend, sich mit einem Redner zu treffen? Eine Empfehlung? Der Preis? Ausnahmslos ein gutes Bauchgefühl? Wir Redner stehen im Mittelpunkt, ob wir es wollen oder nicht – und darum sollte Ihnen unsere Nase wirklich passen!

Fühlen Sie sich ausnahmslos in guten Händen und lassen Sie sich nur durch Chemie und Qualität bestechen. Fühlen Sie sich wahrgenommen und angehört und vor allem gut in Ihren Ideen und Wünschen vertreten.

*»Conni, kann man das überhaupt machen? Ist das üblich und erlaubt?«*

*»Üblich? Das ist nicht entscheidend! Und erlaubt? Wir werden weder mit dem Feuer spielen, noch jagen wir 100 Ballons in die Luft. Es ist erlaubt, was euch gefällt und niemandem schadet! Und was andere machen, steht nicht zur Debatte. Geht nicht, gibt es also eher nicht!«*

Wer immer Ihnen das Gegenteil erzählt, zeigt Ihnen *seine* Grenzen auf, nicht Ihre! Das Unmögliche möglich zu machen – ein toller Ansatz gerade von Weddingplanern, den regelrechten »Wunscherfüllern«. Fazit: Was vorstellbar und träumbar ist, das ist auch umsetzbar, nur meistens eine Frage des Geldes.

Zurück zu Ihrer Planungsliste. Nutzen Sie eine hilfreiche App? Haben Sie bereits die *»Save the date«*-Anfragen rausgejagt? Wissen Sie eigentlich, welcher Name zuerst auf der Karte steht? Die Mehrheit würde sagen: »Ladys first.« Wer hat zugesagt und kommt noch in Begleitung? Sind Kinder willkommen, oder möchten Sie mal nur unter Erwachsenen bleiben? Das Erstellen der Gästeliste kann herausfordernd und schweißtreibend sein! Wo anfangen und wo aufhören? Dürfen Sie allein entscheiden, oder mischen Familie und Freunde kräftig mit?

Ein großes Sommerfest für alle oder eine Hochzeit unter Erwachsenen? Ich meine, jeder sollte so feiern, wie er möchte, ohne sich dafür rechtfertigen zu müssen.

Meine Paare ticken unterschiedlich. Die mit Kindern haben eher Lust auf eine große Party für alle, während andere es geradezu genießen, nur die Freunde um sich zu versammeln. Wann kriegt man schon mal alle am selben Tag zusammen?

»Geladene Gäste: rund 400. Wie viele erscheinen würden, konnte das Paar bis zum Schluss nicht sagen, auch wenn für alle eingedeckt war. Als die Trauung begann, war der Saal zu drei Vierteln belegt, und es hatten sich zwei Lager (aufgrund der Nationalitäten) gebildet. Während die eine Seite ganz still und gespannt der Zeremonie lauschen wollte, plapperte die andere unbeirrt weiter. Sogar die Ansagen des DJs und Bitten der Rednerin um etwas Ruhe blieben erfolglos. Mir tat die Rednerin sehr leid, und erst recht natürlich die Braut, deren großer Wunsch die Freie Trauung gewesen war. Der Bräutigam hingegen forderte wiederholt die Rednerin auf: ›Bitte zieh's jetzt einfach durch!‹«

So, der Streifzug geht weiter. Erinnern Sie sich noch an Polterabende? Lange verstaubt, erleben sie mitunter eine Renaissance. Doch viel beliebter sind natürlich Junggesellenabschiede (JGA), eine liebevoll geplante Überraschung von Trauzeugen, Geschwistern und Freunden – sowohl für die Braut als auch für den Bräutigam, natürlich streng getrennt. Idealerweise mit genügend zeitlichem Abstand zur Hochzeit, denn verkatert in die Ehe zu starten, auf wackeligen Füßen vorm Trautisch zu stehen und mit Restfahne das JA zu hauchen, nun ja …

# Wo soll die Hochzeit
# denn gefeiert werden?

Ein wichtiger Punkt auf der Liste ist die Location! Bevor Sie auf die Suche nach Ihren Räumen gehen, sollten Sie eine bestimmte Vorstellung haben:

- *Anzahl der Gäste?*
- *Catering vor Ort?*
- *Ein Raum für alle?*
- *Sitz- und Tischordnung?*
- *Freie Trauung möglich?*
- *Plan B (A+) bei schlechtem Wetter?*
- *Parkplätze?*
- *Open End oder Zapfenstreich?*
- *Müssen Sie Pakete buchen, oder sind Einzelposten möglich?*
- *Was ist inklusive, was muss/kann zu welchen Tarifen dazugebucht werden?*

Vereinbaren Sie ein Probeessen, sprechen Sie vorhandene oder eigene Deko an, und stellen Sie sicher, dass Ihr DJ immer einen Blick auf alle Gäste werfen kann!

An der Location treffen sich alle. Ich freue mich schon vorher auf unbekannte und bekannte Kollegen – oft entstehen hier neue Kontakte. Freundlichkeit und ein Miteinander auf

Augenhöhe sind oberstes Gebot, sitzen doch alle Dienstleister im selben Boot, ob man sich mag oder nicht. Es ist ein Teil unseres Jobs, einen reibungslosen Ablauf zu gewährleisten. Mit Freude!

Schließen Sie mal Ihre Augen. Welche Bilder ploppen auf, wenn es um Ihre Traumlocation geht? Ist es die shabby Scheune im Vintage-Style, ein hochmodernes Loft, ein Schloss, ein Speicher, eine Mühle, das Landhaus, der Strand oder heimische Garten?

Die Traumlocation wird nicht auf Sie warten. Je beliebter sie ist, desto unsicherer eine Zusage, erst recht, wenn dem Betreiber Ihre Gästezahl zu niedrig ist. Manche haben lange Wartelisten eingerichtet. Staunen Sie ruhig, wenn ich Ihnen sage, dass abgesagte Hochzeiten keine Ausnahmen sind. Des einen Leid, des anderen Freud!

Ist Ihr Wunschtermin vergeben und Sie wollen nicht auf Wartelisten stehen, suchen Sie einfach weiter. Oder Sie lassen sich auf einen anderen Tag ein (Sonntag bis Donnerstag). Das ist vielleicht zunächst gewöhnungsbedürftig, doch ebenfalls eine Option, wenn man von einer ganz bestimmten Location einfach nicht abrücken möchte. Der Vorteil: Die Preise liegen für diese Tage oft unter denen der beliebten Frei- und Samstage. Also, auf in die Verhandlung!

Entrüstet hatte mir ein Paar erzählt, wie es um eine Bewerbungsmappe gebeten wurde. Man könne es sich leisten, so die Erklärung des Betreibers.

*»Wir haben noch an Ort und Stelle abgesagt, denn so kommt man mit uns nicht ins Geschäft!«*

Zauberhafte Kulisse hin oder her, nicht zu unterschätzen ist auch das Personal, das Serviceteam, das Ihnen und Ihren Gästen rund um die Uhr die Wünsche von den Lippen liest. Es ist das Herzstück, die Visitenkarte des Hauses! Ich weiß von Job-Events aus Jugendtagen, wie unterschiedlich Teamarbeit sein kann. Welche unterschiedlichen Chefmanieren dahinterstehen. Ein guter Chef weiß ganz genau, dass eine Veranstaltung sehr wohl ohne ihn, doch niemals ohne sein Team auskommt, und das lässt er sein Personal auch spüren. Wie gut es wirklich war, erkennt man am Ende des Tages am Trinkgeld. Auch hier gibt es wieder den Gast und den vorbildlichen Gast.

*Daher bitte nicht vergessen: Das Trinkgeld ist nie mit inbegriffen und das wohlverdiente, oft hart erarbeitete Bonbon für die Crew.*

Apropos Bonbon: Sollten Sie Ihre Dienstleister in einem Café treffen, laden Sie sie aufs Getränk dann ein? Erwarten Sie es umgekehrt?

Zu 90 Prozent wurde mein Kaffee von meinen Paaren übernommen. Die Zeit, die ich mit ihnen verbrachte, hätte ich niemals in Rechnung gestellt. Heute gibt es nur noch selten die Caféhaus-Atmosphäre, weil ich zunehmend zu mir nach Hause einlade. Hier kann ich selbst für eine angenehme Stimmung sorgen, kann mit kleinen Schälchen voller Leckereien bestechen, mit Hintergrundmusik und Kerzenlicht. Ich war schon immer gern Gastgeberin! Apropos … ein sehr gutes Stichwort!

*»Wären Sie so lieb und würden mir bitte fünf Gläser mit Wasser
an den Trautisch bringen?«*

*»Entschuldigung? Um so etwas hat uns eigentlich noch kein
Redner bisher gebeten!«*

Falsche Antwort! Wäre es hier nicht mein Job, wäre ich
gern auf die Palme gegangen, doch jetzt blieb mir nur, die
Contenance zu bewahren. Ooooohmmmm ....

Ich verändere auch die Position der Traustühle, wenn sie
zu weit auseinanderstehen. Für diesen Bereich übernehme
ich die Verantwortung! Die Paare wollen schließlich Händchen halten – Schulter an Schulter, schön dicht aneinander-
gekuschelt.

*»Verzeihen Sie, mein Brautpaar hat seine Traukerze vergessen,
dürfte ich mir eine Kerze von Ihrer Fensterbank leihen?«*

*»Wie bitte? Also, dafür habe ich nun wirklich keinen Kopf.
Die Gäste kommen gleich und ...«*

*»Ich weiß, das Brautpaar auch. Und das ist deprimiert, weil
es die Hochzeitskerze liegen gelassen hat. Und daher ... Aber ich
will Ihnen natürlich gaaaaar keine Umstände machen ...«*

Schließlich konnte ich einen der Kellner davon überzeugen,
mir eine zu geben.

Manche Dialoge sind so überflüssig und wirklich fehl am
Platz!

Da verstreichen wertvolle Sekunden. Da wirft mir eine
überforderte Chefin einen Blick zu, der mich schaudern lässt.
Sie unterschätzt, dass gutes Benehmen auch Werbung für ihr
Haus sein kann. Freundlichkeit und Entgegenkommen sind
das Nonplusultra, Teil der Professionalität.

Ich erzähle Ihnen ein Paradebeispiel, an das ich mich immer wieder gern erinnere:

Ein verregneter Sommertag auf dem Land. Eine Chefin wie im Bilderbuch – gut gelaunt, herzlich und ansteckend fröhlich – und hochschwanger! Eine kleine feine Lokalität. Und ein mieser Wetterumschwung, weshalb die Trauung von der festlich dekorierten Wiese ins Zelt verlagert wurde. Viele der Gäste packten ungefragt mit an, und selbst die Chefin ließ es sich nicht nehmen, aktiv zu sein. Bis ich ein Machtwort sprach.

*»Stopp! Nicht, dass Ihr Baby gleich zwischen Wiese und Zelt auf die Welt kommt!«*

*»Ach, wenn Sie wüssten – ich lasse weder Gäste noch mein Personal im Stich!«*

Ich bedankte mich gleich zu Beginn der Trauung bei allen Umzugshelfern für die großartige Teamarbeit. Mögen sie alle auch weiterhin meinem Paar zur Seite stehen und auf Hilfsbereitschaft und Freundschaft setzen!

Wenn wir schon mal dabei sind – hier noch mehr *good vibrations*:

*»Herzlich willkommen, Sie müssen die Rednerin sein? Mein Name ist Nadja, wenn Sie etwas brauchen, dann schnippen Sie einfach, meine Kollegen und ich sind immer in der Nähe. Vielleicht erst mal ein Käffchen zur Begrüßung?«*

*»Wow! Was für ein freundlicher Empfang!«*

*»Oh, war das ungewöhnlich?«*

*»Irgendwie schon. Leider!«*

Noch am selben Abend war das Haus um eine Topbewertung reicher. Danke, Nadja!

Auf zur nächsten Feier-Falle.

&

»Ein Schlossverwalter hatte ein Brautpaar in einen schockähnlichen Zustand versetzt, indem er die weit im Voraus gebuchte, lang geplante, lang ersehnte und bereits bezahlte Hochzeit für 100 geladene Gäste schlichtweg vergessen hatte! Diese Hiobsbotschaft wurde der gerade bei ihrer Friseurin sitzenden aufgeregten Braut vom Verwalter telefonisch überbracht. Um acht Uhr morgens, fünf Stunden vor der Trauung mit anschließender Feier der (erhofften) Superlative!

Der Wunschplatz für die Zeremonie im Schloss war irrtümlich nicht weitergeleitet und damit nicht angemeldet worden; der geplante Sektempfang musste wegen Personalmangels ebenfalls ausfallen, und das Fingerfood-Büfett konnte jetzt auch nicht mehr zubereitet werden. Immerhin war aber schon die Hochzeitstorte angeliefert worden, auch wenn der Kaffee dazu vom Tresen vor der Küche von den Gästen selbst abgeholt werden müsste; das Abendbüfett reichte höchstwahrscheinlich nicht aus, und der DJ hatte sein Set leider im falschen Festsaal aufgebaut. Der reine Albtraum! Der Schlossverwalter hatte den zweiten Saal an ein anderes Paar vermietet, und das Team hatte unerklärlicherweise beide Hochzeiten für ein und dieselbe gehalten, obwohl zwei Rechnungen beglichen wurden. Immerhin verstand der Chef jetzt, warum die Braut immer wieder einen anderen Plan verfolgte und bei den Treffen jedes Mal anders ausgesehen hatte!«

Ich wette, auch Sie verstehen gerade nur Bahnhof und sind geschockt darüber, was alles möglich ist!

Es wimmelt von Pannen, die sich natürlich schneller herumsprechen als Feiern, bei denen Erwartungen sogar noch getoppt wurden. Pächter, die einem Paar kurzfristig absagen, weil sie die Pachtlizenz verloren haben. Oder weil ein Brand die Location zerstört hat. Es ist das Mindeste, sich dann natürlich ebenfalls auf die Suche nach einer Alternative zu machen und das Paar, das einem vertraut hat, keinesfalls im Regen stehen zu lassen!

»Die Location lag im tiefsten Osten, schön weit weg vom nächsten Dorf. Ich betete, dass nichts vergessen wurde, doch wurde ich nicht erhört. Ausgerechnet die Brautschuhe …! Und meine Braut? Ein Hoch auf ihre Gelassenheit, sie schritt schließlich barfuß unter ihrem schleppenlangen Brautkleid zum Trautisch, und zum Eröffnungstanz schlüpfte sie zurück in ihre Turnschuhe!«

»Wie üblich wollte ich eine Stunde vor der Trauung eintreffen, was ich auch locker geschafft hätte, wenn … ich nicht 500 Meter vorm Ziel in einen Stau geraten wäre, wo alle paar Meter ein Ordner das Verkehrsaufkommen in den Griff zu kriegen versuchte – bis schließlich nichts mehr ging. Ausgerechnet jetzt gleich zwei Veranstaltungen, über die ich nicht informiert wurde? Mein Bonus war mein kleines Auto, das ich in eine letzte Lücke in einer Baustelle drückte. An der Location dann der zweite Schock: Man warte schon seit über einer Stunde auf das Paar, das eigentlich etwas vorbereiten wollte. Als wenig später die Limousine meiner Turteltauben vorgefahren kam, sah ich sie schimpfend aus dem Wagen steigen. Auch sie hatte man nicht informiert, was der Betreiber jedoch dementierte.

Ich kann mir nur wünschen, dass Infos über Sperrungen oder Ähnliches grundsätzlich schriftlich mitgeteilt werden, damit es vor der Trauung keine Tränen gibt!«

»Zum ersten Mal erlebten wir, dass eine Feier auf den letzten Drücker abgesagt wurde. Ein Paar, das schon Ewigkeiten zusammen war, hatte plötzlich einen Rappel bekommen und wollte den Macken und Fehlern des anderen doch nicht auf Lebenszeit ausgeliefert sein. Während die Eltern des Bräutigams die Trennung bereits feierlich begossen, gab sich das Paar zur Überraschung aller nun doch noch eine letzte Chance – jedoch ohne Trauversprechen!«

»Tatort: ein 5-Sterne-Hotel. Noch morgens hatte man der Braut telefonisch bestätigt, das Zimmer um Punkt 13 Uhr beziehen zu können. Bis wir beim Eintreffen eines Besseren belehrt wurden. Nichts war fertig, und eine Alternative konnte man uns auch nicht anbieten. Wer in diesem Haus einen reibungslosen Ablauf erwartet, wird immer wieder enttäuscht. Für mich war es das fünfte Mal, dass etwas schiefgegangen war. So manche Exklusivbude könnte sich von schlichten Häusern gern mal eine Scheibe abschneiden!«

»Weil die Feier auf einem Campingplatz ohne Stromversorgung stattfinden sollte, planten wir das Braut-Styling in meinem Salon. Gerade noch rechtzeitig kam der Anruf, man habe doch ein Kabel für uns legen können. Ich machte mich also auf den Weg und achtete angestrengt auf weiße Ballons, die meine Markierung für das Abbiegen in einen Wald- und Forstweg sein sollten. Weil es zuvor aus Eimern geregnet hatte, hingen die Ballons vor der Wegeinbiegung wie traurige Lappen von den Ästen. Am Ende des Weges stoppte ich vor einem Eisentor an einer Lichtung, hinter der ich eine Blockhütte mit angrenzendem Zelt entdeckte. Die Deko war spärlich, die Plastikstühle und Girlanden ließen einfach keine Atmosphäre aufkommen. Stimmung kam allein von Zeltwänden, gegen die der Wind laut zischte. Ich wollte mich gerade einrichten, als meine Braut wie ein Fabelwesen aus dem Wald herausstiefelte – in Puschen und mit weißem Handtuchturban auf dem Kopf. Während ich ihr Haar mit tonnenweise Spray verklebte, damit es der hohen Luftfeuchtigkeit standhalten konnte, herrschte um uns herum eine gespenstische Stille. Bis heute verbinde ich mit dem Ende eines Waldweges etwas Mystisches.«

»Trotz Rauchverbots in der Hotelsuite kippte meine Braut das große Fenster, zu groß war ihr Bedürfnis nach einer Zigarette gewesen. Da lehnte sie also, den Kopf so weit wie möglich nach draußen gereckt, und hatte gerade mal zwei Züge genommen, als ein ohrenbetäubender Alarm ertönte! Über Lautsprecher wurden die Gäste aufgefordert, das Hotel umgehend über die Treppen zu verlassen. Nervlich am Ende und völlig geschockt verließen Braut und Mutter in Puschen, Lockenwicklern und Bademantel vor mir das Zimmer. Unten hatte sich bereits eine große Traube gebildet, die den Feuerwehrmännern hinterherstarrte. Endlich kam Entwarnung, und der Anlass für den Alarm machte schnell die Runde: Der Gast im Zimmer neben uns hatte ebenfalls geraucht, doch seine Zigarette zu schnell in den Papierkorb geworfen. Die hochsensiblen Sensoren hatten den Alarm ausgelöst, der direkt zur Feuerwache um die Ecke gelangt war!«

»Auf der Suche nach einer Location erlebten wir das komplette Programm: hinausgezögerte Angebote, vergebliches Warten auf Antworten, Anfragen, die als Auftrag verstanden wurden, und sogar eine Stornierung trotz Vertragsunterzeichnung. Erstaunlich, wie sehr es auf dem Markt von unseriösen Anbietern wimmelt! Auch Freunde von uns hatte man fallen lassen, nachdem für denselben Tag noch eine Anfrage für eine deutlich größere Gesellschaft eingegangen war!«

# Hoffentlich klappt auch alles!

Gern möchte ich zum Thema Erwartungen noch etwas loswerden.

*»Conni! Wir haben die wichtigsten Punkte sowie unser Dreamteam endlich zusammen!«*

Ich applaudiere jedes Mal, wenn meinen Paaren damit ein Stein vom Herzen fällt. Sein Team gefunden zu haben, sich toller Unterstützung sicher zu sein, ist viel wert! Vorausgesetzt, es sind Profis am Werk. Und man kann wirklich loslassen, weil man ein gutes Bauchgefühl hat und nicht alles kontrollieren muss.

Doch wie gesagt – die Planungsphase kann auch voller Überraschungen, Abenteuer sowie aufregender, unvergesslicher, wundervoller und beschämender Reaktionen und zweifelhafter Begegnungen sein.

Absolute Verlässlichkeit ist noch immer nicht für alle eine Selbstverständlichkeit, vielleicht, weil nicht alle das Gleiche darunter verstehen. Ich wünsche mir von ganzem Herzen, dass auch Sie ausnahmslos wundervolle Erfahrungen machen und man – im Gegenzug – auch Sie in ganz besonderer Erinnerung behält!

»Ein echter Schlag in die Magengrube ist es, wenn Dienstleister ihre Kunden im Unklaren lassen, noch schlimmer: wenn sie einfach nicht erscheinen!

Gebucht war eine original venezianische Gondel, die mein Brautpaar zu ›O sole mio‹ romantisch übers Wasser bis zum Anleger ihrer Location schiffen sollte. Mit aufkommendem Sturm hatte natürlich niemand gerechnet, doch wartete das Pärchen trotzdem mit den Gästen am Anleger auf den Gondoliere. Und wartete und wartete – doch leider vergeblich, obwohl sich der Sturm nach kurzer Zeit wieder gelegt hatte! Der Gondoliere aber hatte weder abgesagt, noch war er erreichbar. Umso schöner die Geste eines Freundes, der die beiden schließlich im eigenen Ruderboot auf dem noch unruhigen Wasser zur Location überführte. Niemand wird das Bild wohl je vergessen, wie das Bötchen am Horizont verschwand und sofort an Hemingways ›Der alte Mann und das Meer‹ denken ließ. Am nächsten Morgen schrieb der Gondoliere, dass man doch davon ausgehen musste, bei Sturm keine Gondel aufs Wasser zu setzen!«

Bleiben wir noch kurz beim Wetter. Kaum ein Punkt beunruhigt mehr als ein überraschender Wetterumschwung. Ich kenne sie genau, die Sonnengötter, die überraschen und uns gleichzeitig verärgern. Stellen ihre Dienste plötzlich ein, nehmen sie wieder auf und überlegen es sich erneut anders. Da lief doch eben alles wie geschmiert nach Plan, die App versprach nur Sonne pur, bis … der Himmel seine Farbe wechselt, es aus allen Wolken heult und Winde die Stühle vom

Hof fegen. Jetzt heißt es mit anpacken, gleichzeitig die Ruhe bewahren und/oder das Paar besänftigen. Nun greift Plan A+, damit die gute Stimmung nicht in den Keller rutscht!

Machen wir das Beste daraus! Denn im Grunde beneidet doch jeder das Brautpaar um seinen großen Augenblick. Ich sage immer gern:

*»Die haben schon viel Schlimmeres gemeistert!«*

»The perfect day! Traumpaar, Traumlocation, wundervolle Gäste. Erwartet wurde eine Sängerin, die neben mir auf einer großen Wiese nah an einem Bach stehen sollte. Nachdem die ersten Gäste Platz genommen hatten, wurde sogar ich langsam unruhig, denn von der Sängerin fehlte jede Spur. Und sie kam wirklich nicht. Da aber der DJ zu dieser Zeit noch nicht bestellt war und niemand von uns singen konnte, legten wir trotzdem los. Es war der leiseste Brauteinzug, den ich bis dahin erlebt hatte. Und trotzdem hatte diese Stille etwas Anmutiges, Ergreifendes und äußerst Intensives. Da waren das Zwitschern der Vöglein und der Wind, den wir pfeifen hörten. Beim Auszug ersetzte der Applaus der Gäste die fehlende Musik.«

Eins meiner Pärchen hatte den gesamten Hof einer Location in eine fantastische Genussmeile verwandelt, der leider nicht genutzt werden konnte, weil bei Ankunft der Gäste der Platzregen einsetzte. On top hatten sich meine beiden auch noch einen Virus eingefangen und saßen – so tapfer wie möglich und vollgepumpt mit Medizin – an meinem wunderschön gedeckten Trautisch, auf herrschaftlichen Samtsesseln mit hoher Lehne.

*»Conni! Nichts hält uns vom Feiern ab! Wir sind umgeben von unseren Liebsten, wenn das allein nicht zählt!?«*
Bravo! Genau so, ihr Helden!

Regen bringt Segen? Jedenfalls nicht zwingend weniger Spaß! So steckten einige Bräute schon mal in knallfarbigen Gummistiefeln, liefen barfuß über nasse Felder, während ihre Gäste unter weißen oder transparenten Schirmen fröhliche Lieder mitsangen und das Paar noch anfeuerten. Und die Fotos, die dabei herauskamen? Schwarz-weiß, sinnlich-sexy. Nahaufnahmen von Regentropfen auf wunderschönen Knutschlippen.

*»Aber Conni, zwei Tage lang haben wir die Wiese geschmückt und alles so schön eingedeckt, und selbst Schatzi hat gewerkelt und gesägt. Und nun?«*
Ich wusste, wie wichtig es meiner stolzen Braut war, das alles den Gästen zu präsentieren, war sie doch bekannt als DIY-Junkie. Und so kniete ich während des »getting ready« vor ihr nieder, trocknete ein paar Tränen und wollte sie unbedingt beruhigen.
»Mach dir keine Sorgen! Wirklich jeder konnte die Wiese noch bestaunen! Eure tollen Freunde packen gerade alle mit an und richten euch den Raum für die Trauung her!«
Geschafft! Die Gewissheit, dass ihre Mühen nicht vergeblich gewesen waren, konnte ihre Tränen besser als ein Taschentuch trocknen!

Eine Traumhochzeit am See. Rund 80 Gäste. Ganz zauberhaft war alles eingedeckt, geschmückt und dekoriert, und noch bevor die ersten Gäste kamen, hatte sich mein Pärchen zum sonnigen Pre-Shooting in den angrenzenden Wald aufgemacht. Wirklich niemand hatte zu dem Zeitpunkt mit einem Wetterumschwung gerechnet. Knapp 20 Minuten später zog sich von jetzt auf gleich der Himmel zu, verwandelte sich helles Blau in tiefstes Schwarz, staute sich in der Luft dieses gewittrige Aroma, bevor ... sintflutartig die himmlischen Dämme brachen. Das Serviceteam hatte längst begonnen, alles treppauf, treppab zu schleppen und zu sichern, was zu sichern war, um im schönen kleinen Saal neu einzudecken. Erste Gäste trafen unter Regenschirmen ein, wurden Zeugen des hektischen Treibens im Saal und hielten bereits besorgt Ausschau nach dem Brautpaar. Ich werde den Anblick nicht vergessen, als es endlich eintraf: durchnässt bis auf die Knochen!

Spannend ist es immer wieder, in solchen Momenten die Reaktionen der Freunde zu beobachten. Eine Freundin ließ ihren Mann Föhn und Lockenstab von zu Hause holen, die andere besorgte von den Nachbarn ein Bügeleisen. Und meine Braut? Vorbildlich! Sie lachte, dass sich die Balken bogen, während der Bräutigam beinahe die Fassung verloren hätte. Ungläubig starrte er durchs hohe Fenster auf den aufgeschäumten See. Nachdem nun alles für die Trauung bereit war, brach – wie konnte es auch anders sein – der Himmel wieder auf und bescherte uns den schönsten Sonnenschein! Der Blick des Bräutigams konnte nur eines bedeuten, und ich lag richtig:

*»Conni! Wir gehen wieder raus!«*

Wow, wirklich? Okay, back to the roots, back to the sea! Und deshalb zahlt es sich aus, nur eine Zeremonie am Tag anzunehmen! Ich hatte die Rechnung jedoch ohne das Mikro gemacht.

»Nix Mikro! Leider nass geworden!«, ärgerte sich jetzt der DJ. Ich weiß nicht, wer mir mehr leidgetan hatte – ich, er oder das Mikrofon.

Das Personal indes, es zuckte nicht mal mit der Wimper und baute ein drittes Mal nun draußen auf. Doch ohne Mikro konnte ich die weit nach hinten gezogene Sitzordnung nicht so stehen lassen. Ich schnappte mir ein paar kräftige Männer unter den Gästen und baute mit ihnen einen runden Kreis ganz dicht um mich herum auf. Kurz darauf begrüßte ich alle und bewunderte die neue Frisur meiner Braut. Die Stimmung war so heiter und das Eis ja schon zuvor gebrochen. Noch am Abend gab es eine Topbewertung für das gesamte Team! Und ein Jahr später traute ich schließlich die Trauzeugin der Braut.

Das Einzige, worum ich mir bei Regen Sorgen mache, sind die Stimmung und die Frisuren sowie Kleider der Hochzeitsgesellschaft. Mich selbst haut nichts schnell um, mir reichte schon ein Schirm, der über mich gehalten würde, damit die Rede trocken bleibt. Aber ob ich mir die nassen Pumps abstreife oder meine Mascara verläuft, das ist der Abenteurerin in mir egal. Für mich zählt allein das Ergebnis – und dass ich niemals die Fassung und gute Laune verliere!

Es sind also gerade diese Ausnahmesituationen, in denen sich die Spreu vom Weizen trennt. Ich glaube, Dienstleister, die per se bei Unvorhergesehenem schnell überfordert sind, kämen bei 100 Fremden vielleicht erst recht in Schwierigkeiten.

»Ein Freitagmorgen mit so richtig guter Laune! Auf zum Friseur, um dort festzustellen: O Schreck, das Schleierkraut ist weg – zum Glück aber wurde es noch rechtzeitig aus dem Kühlschrank zu Hause geholt und hergebracht! Dann kam der Brautstrauß, von dessen Aussehen ich zuvor noch keine Ahnung hatte! Während des Stylings reißt das Gummi meines Strassbandes, das zur Steckfrisur gehörte! Na gut, Fixierung mit doppelter Menge Haarnadeln. Während ich ungelenk in den Reifrock meines Kleides schlüpfe, befällt mich Panik, ob die Kunstnägel reißfest genug sind. Doch sie halten – im Gegensatz zu meiner Strumpfhose, bei der ich eine Laufmasche übersehen hatte. Als ich fertig bin und meinen Strauß hochnehme, verursacht der sofort einen Fleck auf meinem Kleid, der sich aber dank Wunderzeug der Stylistin noch entfernen lässt. In dem Moment setzt schon der Regen ein, doch konnte unser Shooting wegen Zeitdrucks nicht verschoben werden. Endlich ein Ende des Schauers; nach der standesamtlichen Trauung wartete ich auf den perfect moment mit den Seifenblasen vor der Tür, wenn … die nicht vergessen worden wären! Also ging's direkt zum Stadtpark, Gruppenfotos mit Luftballons, die … leider auch vergessen wurden! Danach auf zur Location, doch just als wir ankommen, überfällt meinen Mann eine Migräneattacke. Bevor wir um 18 Uhr die Feier für beendet erklären, werfe ich noch schnell den Brautstrauß – der, wir könnte es auch anders sein, zwar die Richtige trifft, doch leider an der Schulter, was ziemlich wehgetan hat. Auf dem Nachhause-weg sagt unser Sohn plötzlich, dass im Kofferraum noch zwei Ballons sind … Und so hielten wir extra noch auf einem Feld, um dort aber festzustellen, dass das Helium nicht mehr ausreichte, weshalb der Flug nach wenigen Metern bereits endete (Anmerkung: Folienballons wären geeigneter gewesen).

Wir konnten einfach nur noch lachen – warum hätte auch mal irgendetwas funktionieren sollen?! Zu Hause war ich froh, aus meinem Kleid zu kommen und nur noch all die tollen Geschenke zu bestaunen. Doch hey, juhu, wir sind verheiratet und richtig glücklich! Doch irgendwas hatten wir vor lauter Stress ebenfalls vergessen … unseren 14. Jahrestag!«

# Die Sitzordnung

Sie kann durchaus eine echte Herausforderung sein!

Brautpaar, Trauzeugen und Familie sitzen in der Regel an Tisch 1 (von wo aus sie alle Gäste erblicken können). Die Tischnummern könnte man auch gut durch Wünsche, Lieder, Promis, Farben oder Reiseziele ersetzen. Am Familientisch ist es in der Regel am stillsten und langweiligsten, aber nur bis nach dem Essen, dann löst sich ja die Tischordnung wieder auf.

*Tipp: Überlassen Sie Ihren Gästen nicht die freie Platzwahl, es kostet Zeit, kann überfordern und gar manchen Zank vom Zaun brechen.*
*Ein paar Fragen können im Vorfeld hilfreich sein:*
*Wer kann mit wem? Wer ist Kollege, wer ein Freund und wer Familie? Sie kennen alle, aber nicht alle kennen sich!*
*Wo könnten Gesprächsthemen Brücken bauen?*

*Wichtig:* Verzichten Sie unbedingt auf klassische Single-Tische.

# Das Brautkleid

Kennen Sie den noch?

Beginnen wir mit einem kleinen Wissens-Warm-up:

*In Europa und der westlichen Welt stand Weiß für Reinheit und sexuelle Unberührtheit, darum sind Schwangere bis weit ins 20. Jahrhundert in Schwarz vor den Altar getreten. Wer sich aber kein Hochzeitskleid leisten konnte, holte das beste Stück, den »Sonntagsstaat«, aus dem Schrank. Ab den 20er-Jahren dominierte das weiße Brautkleid, doch schon 100 Jahre später hat jede Frau die freie Wahl. Weiß, Creme und Ivory dominieren allerdings. Wussten Sie, dass Perlenketten um den Hals die Tränen der Braut symbolisieren, die sie in der Ehe weinen wird? (Wer hat sich das nur ausgedacht?!)*

DAS Kleid aller Kleider, das frau im Leben im Idealfall ein einziges Mal trägt, von dem sie aber schon ihr Leben lang geträumt hat. Ich habe oft gelesen, dass sich dieses Braut-sein-Gefühl erst vollends einstellt, wenn sie endlich in ihr Kleid schlüpfen kann.

*»Wie eine Märchenprinzessin kam ich untergehakt bei meinem Vater zum Standesamt, wo an der Schwelle zum Trauzimmer mein Schatz schon auf mich wartete. Mein*

*ganzes Leben hatte ich auf diesen Tag und dieses Kleid aus Seide und Spitze gewartet und sehr lange dafür gespart. Gerade weil wir kein Budget für eine Feier hatten, wollte ich doch wenigstens in dem Augenblick beim Standesamt so viel Braut wie möglich sein. Die Wochen, in denen ich das Kleid vor meinem Mann versteckt gehalten hatte, waren mir wie Jahre vorgekommen. Mein Mann hatte auf einen neuen Anzug verzichtet und sich bei seinem besten Kumpel einen schicken ausgeliehen. Erst war ich ein bisschen sauer, bis er mir den Grund verriet, warum er auf einen neuen verzichtet hatte: Er wollte mir eine Freude machen und hatte heimlich auf etwas anderes gespart: einen Tisch zum Mittagessen für Familie und engste Freunde in unserer Stammkneipe. Auch wenn ich von den Gästen am Tresen ziemlich angestarrt wurde, so genoss ich es sehr, an diesem Tag mal richtig im Mittelpunkt zu stehen!«*

Ich denke an die Schneider und Designer hinter diesem »Kleid der Liebe«. An das Herzblut, mit dem die Stoffe verarbeitet und die Entwürfe erstellt werden. An die Beraterinnen in den Brautstübchen, die hautnah dabei sind, wenn ihre Kundinnen erleichtert rufen: »JAAAA! GENAU DAS IST ES!« Wenn sie sich so stolz und strahlend schön vorm großen Spiegel immer wieder um die eigene Achse drehen, angefeuert von den Liebsten, die auf Hockern nervös an Salzstangen knabbern. Wie fantastisch doch alles ist, wenn man noch einmal diese »Liebe auf den ersten Blick« erlebt! Die man am liebsten und sofort der ganzen Welt zeigen möchte.

Ach, würde es nur jeder so ergehen, dass sie sich aus sich heraus, aus freien Stücken, für ihr Kleid entscheiden kann.

Leider ist das aber keine Selbstverständlichkeit! Ich denke an die Bräute, die statt Zuspruch eher Kritik erfuhren und dem Drängen und Flehen von Freunden und Familie nachgaben – weil die für ein anderes Kleid plädierten, die Braut gar überredeten, doch das andere zu nehmen, und so am Ende Tränen flossen.

*Die folgenden Tipps zum Kauf des Brautkleids lege ich Ihnen sehr ans Herz.*

## Tipp 1:

Überlegen Sie genau, wer Sie zur Anprobe begleiten darf, und schicken Sie später nicht jedem ein Bild vom Kleid, um sich die vielen Kommentare zu ersparen; es gibt immer Leute, die gern ihren Senf dazugeben. Wer hat Sie bisher im Leben positiv bestärkt und unterstützt, Ihnen nie etwas geneidet? Wessen Meinung war wertvoll für Sie? Natürlich sollten Sie während der Anprobe auch ehrliche Anmerkungen ertragen können, weil andere manchmal mehr sehen (objektiv) als man selbst (subjektiv). Ihr Kleid soll Ihnen schmeicheln und Ihre Vorzüge betonen!

## Tipp 2:

Täglich werden in sozialen Netzwerken zig Selfies aus Kabinen gepostet und Gruppenmitglieder (fremde Menschen) um Meinungen gebeten. Doch Vorsicht! Nicht jeder wird gleich applaudieren. Machen Sie das nur, wenn Sie null Bedenken haben und die Gefahr nicht scheuen, dass völlig Fremde Ihr Brautkleid »zerreißen«. Machen Sie sich frei davon, ob Ihr Kleid Aufsehen erregt oder nicht! Man kann Sie nur um Ihren großen Tag beneiden. Genießen Sie ihn in vollsten Zügen! Und ob Sie in Weiß, Creme, Blau oder Kariert, Kurz oder Lang heiraten, das darf anderen egal sein!

*Tipp 3:*
Haben Sie weder ein schlechtes Gewissen gegenüber der Sponsorin Ihres Kleides noch der Verkäuferin, die nach dem zehnten Kleid schon müde wirkt, weil sie noch keinen Abschluss wittert. Sie kann nicht jede Kundin glücklich machen, auch wenn das ihr Bestreben ist. War ihre Beratung aber bis zum Schluss freundlich, dann werden Sie genau dies auch weitertragen und machen somit Werbung für den Laden! Eine Verkäuferin aus Leidenschaft weiß ganz genau, dass man den Kauf aus voller Überzeugung tätigt, damit die Kundin nicht schon eine Woche später auf Umtausch pochen will, weil sie woanders zufällig ein noch schöneres Kleid entdeckt hat. Wer SEIN Kleid wirklich gefunden hat, braucht keinen Vergleich mehr und lässt sich nicht mehr umstimmen!

*Tipp 4:*
Ein kleineres Budget ist kein Problem, dann peppt man einfach schlichte Sommerkleider auf. Sogar in Kleidern von der Stange, aus Secondhandläden, von Flohmärkten oder Verkaufsportalen haben Tausende Frauen glücklich JA gesagt!

Ansonsten stimmt es aber: Ein Brautkleid hat zwar seinen Preis, doch vor allem hat es seinen Wert, und somit wird es immer preiswert sein – seinen Preis wert! Lag es über Ihrem finanziellen Limit, dann ist der Grund für das Loch in der Kasse einer der schönsten. Und das Minus auf dem Konto bleibt schließlich kein Dauertief!

Wo auch immer sich gerade Ihr Kleid befindet – ob noch ganz unentdeckt in einem Laden oder bereits unter der Schutzhülle im Kleiderschrank der Mutter oder besten Freundin, ich möchte Ihnen etwas sagen, es am liebsten zehn Mal unterstreichen:

JEDE BRAUT IST DIE SCHÖNSTE!

Und würde selbst jede Frau unter den Gästen ein weißes, dem Brautkleid ähnliches Kleid tragen – eine glückliche Braut bleibt immer unverwechselbar, denn niemand kann sie überstrahlen!

In kaum einem Kleid wird sich eine Frau so schön und bewundert fühlen, nicht annähernd so viel Aufmerksamkeit bekommen wie in ihrem Brautkleid.

Und ist der Augenblick gekommen, dass sie in ihrem Kleid zu ihrem Schatz schreitet, dann sind alle Sorgen, Ängste und Zweifel der letzten Monate in dieser Sekunde wie weggeblasen.

Ich hoffe, dass sich jede Frau in einem Brautsalon wie im Märchen fühlt, wie eine »queen of the day«! Das herzerwärmende, aufregende Gefühl, in Traumkleider zu steigen, ist nur ein Bruchteil dessen, was Sie an Ihrem Hochzeitstag erwartet, wenn alle Sie bewundern.

Wenn Sie jetzt zu jenen Frauen gehören, die in Panik geraten, weil sie auch zwei Monate vor der Hochzeit noch immer nicht IHR Kleid gefunden haben, dann möchte ich Sie beruhigen: Es ist natürlich nicht zu spät! Denken Sie an jene Frauen, die gestern einen Antrag bekommen haben und morgen schon im Brautkleid stecken wollen (verzeihen Sie, jetzt übertreibe ich schrecklich!). Natürlich kommt jetzt nicht mehr jeder angesagte Laden infrage, doch Schneider vor Ort haben sich drauf spezialisiert, Ihnen noch immer genau IHR Kleid zu entwerfen. Zur Not bestellen Sie eine ganze Ladung weiße Abendkleider online, auch wenn Sie mit den Freundinnen dann eher in heimischer Atmosphäre die Modenschau veranstalten können.

Aber vorher lassen Sie sich bitte meinen nächsten Satz schön auf der Zunge zergehen:

NOCH JEDE FRAU HAT
GENAU IHR KLEID GEFUNDEN!

Ob auf den letzten Drücker, ungeplant oder völlig unerwartet. Beneiden Sie nicht jede Frau, die ihr Kleid über ein Jahr im Schrank gesichert hat, denn sie hat andere »Probleme«: Sie muss ihr Gewicht halten!

Ziehen Sie doch den Vergleich zur Liebe: Haben Sie nicht auch hier genau Ihr Pendant gefunden, jenen einen, der genau zu Ihnen passt? Waren Sie auf der Suche, oder hatten Sie losgelassen und entspannt vertraut? Wie oft geschieht etwas im Leben, womit wir gerade überhaupt nicht rechnen. Und plötzlich werden wir so reich beschenkt!

Manches Mal erkennt man sich sofort, manchmal etwas später. Doch heute ist er da, der Lieblingsmensch fürs ganze Leben! Haben Sie sich in die Liebe reinreden lassen? Was Sie fühlen, fühlen Sie nur ganz allein. Es ist Ihr Leben, Ihre Liebe! Und Sie allein tragen dieses Ja auf Ihrer Haut!

Genauso verhält es sich mit dem Kleid – Sie allein tragen

Ihr JA auf der Haut – Ihr JA zu einem Kleid. Und bitte keine Kompromisse – Sie sind doch auch keiner!

Seien Sie verliebt in das, was Sie umgibt. In den, der Sie umgibt. In das, was Sie an Ihre Haut lassen, weil es IHR ganz persönlicher Schmuck ist, Ihre zweite Haut. Rechtfertigen Sie sich nicht für diese eine Wahrheit: Für IHR GEFÜHL! IHRE GEDANKEN! IHRE ENTSCHEIDUNG! IHREN PARTNER – UND IHR KLEID! Bleiben Sie überzeugt und aufrichtig!

»Ich bereue noch zwei Jahre später, auf meine Schwiegermutter gehört zu haben. Ich hatte aus falschem Gewissen heraus zu einem Kleid Ja gesagt, das eigentlich nur meine zweite Wahl gewesen ist. Doch meine Schwiegermutter wollte unbedingt die Rechnung übernehmen – damit hatte sie mich in der Hand. Heute weiß ich genau, dass niemand das Recht hat, sich in die Kleiderwahl – erst recht nicht beim Brautkleid – einzumischen. Solange meine Schwiegermutter lebt, muss ich daran denken, wie sie mich um mein wahres Kleid gebracht hat. Natürlich gebe ich ihr keine Schuld, und doch hat alles Spuren hinterlassen. Ich hoffe, eines Tages den Mut zu finden, ihr alles zu erklären.«

*Wichtig:* Die Braut allein steckt an ihrem großen Tag in ihrem Hochzeitskleid. Und entweder übernimmt jemand gern und ohne Kalkül die Rechnung dafür, oder man kauft sich eben ein gebrauchtes oder schlichtes weißes Sommerkleid. DAS ist immer noch ehrlicher und belastet weder das Gewissen noch die Tränendrüsen.

»Meine zukünftige Schwiegermutter saß einfach nur im Sessel und musterte mich von oben bis unten, ohne eine Miene zu verziehen. Schnell waren mir mein Strahlen und auch das Hochgefühl wieder vergangen. Ich ließ mir das Kleid aber reservieren, schlief eine Nacht drüber und konnte es dann kaum erwarten, es am nächsten Morgen zu bezahlen. Ich wusste immer noch genau, zu wem das Kleid gehörte: zu mir!«

Rund um das Brautkleid gibt es so viele Anekdoten wie Muscheln am Strand. Geschichten von ungetragenen, nie ausgelieferten Kleidern. Von welchen, die in Portalen zum Feilschen angeboten wurden, und jenen, die gespendet wurden. Geschichten von Kleidern, die vom Ex zerschnitten wurden, und von solchen, die ihren einzigen Auftritt an einer Flohmarktstange hatten.

Manche Frauen behalten ihr Brautkleid, schlüpfen gleich am ersten Hochzeitstag noch einmal rein (sofern es ihr noch passt). Andere lassen es zu einem alltagstauglichen Kleid umschneidern. Man kann natürlich auch ein Zierkissen, einen Betthimmel fürs Kinderbett draus machen oder, oder, oder … Spenden? Verschenken? Verkaufen? Vermieten? Einfärben? Vererben?

Sollte es im schlimmsten Fall zu einer Trennung vor der Hochzeit kommen, ist der Anblick dieses Kleides wohl kaum zu ertragen. Selbst für einen neuen Mann bewahrt man es natürlich niemals auf. Rührend fand ich den »Bewerbungsaufruf« einer jungen Frau in einem Hochzeitsportal. Sie wollte ihr Kleid an diejenige verschenken, die ihr die schönsten

Argumente lieferte, warum nun ausgerechnet SIE es tragen sollte …

Kennen Sie den neuesten, weiteren Trend aus den USA? »Trash the dress«. Dazu finden sich Bräute zu einem ungewöhnlichen Shooting zusammen, suhlen sich mit ihrem Kleid im Dreck oder bespritzen sich gegenseitig mit Farbspritzpistolen.

Ich selbst weiß leider nur von Galas, die für ehemalige Bräute veranstaltet werden, um sich noch einmal voller Stolz auch anderen zu zeigen, weil ihnen dieser eine Tag viel zu schnell vergangen ist!

»Meine Braut – die Sorte Mensch, die immer schon von einem Fettnäpfchen ins nächste gestolpert war. Umso überraschter waren sie und ihre Gäste, dass bis zum Dinner alles reibungslos verlaufen war. Hätten sie sich bloß nicht zu früh gefreut, denn als der Bräutigam zwischen Vorspeise und Hauptgang nach einem Toast das Mikro an seine Frau übergab, riss dieser beim Aufstehen die Spitze am Rücken. Da kann einem nur der Atem stocken! Zunächst perplex, doch dann geschockt, rannte sie umgehend aus dem Saal. Ich sah ihr nach, wie sie die Wiese zum Haupthaus der Location überquerte. Da ich ein Händchen für Nadel und Faden habe, folgte ich ihr, doch war das Kleid nicht mehr zu retten. Sie hatte keine Wahl: rund 20 Minuten später kam meine Braut in Sweatshirt und Jeans zurück. Welch irritierendes Bild, sie neben ihrem Mann im eleganten Anzug zu sehen. Doch leider war die

Pechsträhne damit nicht beendet: Nach dem Hauptgang war die Brautmutter plötzlich ohnmächtig geworden und musste tatsächlich von einem Krankenwagen abgeholt werden! Später hörte ich, dass der Bräutigam seine Anzughose gegen seine Jeans getauscht hatte – für etwas Partnerlook an diesem Tag!«

Der Brautschleier stand einst für Jungfräulichkeit, umhüllte die Braut wie ein kostbares Geschenk, bis er vom Gatten am Altar gelüftet wurde! Nach einem Schleiertanz um Mitternacht mit den ledigen Freundinnen wechselte die Braut dann in den Status Ehefrau. Wer das größte Stück des Schleiers abreißen konnte, hatte Glück und würde die nächste Braut sein! Nach alter Tradition tauschten viele Frauen ihre Pfennigsammlungen für ihre Schuhe ein. Noch heute gibt es Brautschuhversteigerungen, auf denen natürlich niemand das Höchstgebot des Bräutigams überbieten kann!

Aus England wurde diese Tradition überliefert: etwas Altes (für das Leben der Braut vor der Ehe), etwas Neues (für das beginnende Eheleben), etwas Geliehenes (für Freundschaft), etwas Blaues (für Treue) in die Hochzeitsrobe der Frau zu integrieren. Manche legen einen Glückscent in den Brautschuh oder schreiben Wünsche unter die Schuhsohle – und welcher bis zum Schluss nicht abgetanzt wurde, ist der, der sich erfüllen würde!

# WEDDINGPLANER –
## die »Allround-Wunscherfüller«

WEN brauchen Sie, um ALLES zu bekommen? Wer verfügt über die nötige Kompetenz, Erfahrung und das Know-how, jeden noch so verrückten Spleen umzusetzen? Schwebt Ihnen ein großes Fest der Superlative vor? Dann sind Sie am besten an der Seite eines Weddingsplaners aufgehoben. Es braucht nämlich neben umsetzbaren Ideen enorm viel Planungsgeschick, Stehvermögen, Ausdauer, Wissen, Contenance und manchmal auch Vitamin B, sprich ein geniales Netzwerk für so eine Veranstaltung!

Planer begleiten Sie ein ganzes Jahr oder nur für ein paar Wochen / Tage / Stunden. Ob für bestimmte Punkte eingespannt oder am Tag der Hochzeit als Zeremonienmeisterin/-leiterin gebucht …

Eine bekannte Weddingplanerin verriet mir allerdings, das stundenweise Engagement abzulehnen, denn wenn sie nicht ausreichend eingeweiht ist, die Dienstleister nicht alle kennt, würde sie sich hüten, mögliche Scherben vor Ort aufzufegen, die andere angerichtet haben könnten. Ihr Ruf sei ihr wichtiger als ein kleiner Scheck zwischendurch, wenn sie Gefahr laufe, dass Pannen beim Fest mit ihr in Verbindung gebracht werden könnten. Um Verantwortung zu übernehmen, muss sie wissen, auf wen sie sich verlassen kann, sonst kann sie keine Haftung übernehmen.

Nachwuchs-Weddingplaner gibt es massenhaft, genauso wie auch Redner aus dem Nichts plötzlich Schlange stehen. Tätigkeiten rund um die Hochzeitsbranche sind wahre Magneten, doch werden sie leider auch oft unterschätzt, weil man sich überschätzt. Nicht wenige Bräute, die Spaß an der eigenen Hochzeitsplanung hatten, möchten das gern professionell anbieten. Motiviert durch unzählige Erfolgsgeschichten mittlerweile bekannter, routinierter Hochzeitsplaner.

»Was die kann, kann ich auch!«

Wirklich? Natürlich hat auch jeder Große mal an einem Tag ganz klein begonnen, doch machen wir uns jetzt nichts vor: Illusion und Wirklichkeit klaffen schnell auseinander, wenn man sich mit den Platzhirschen der Branche messen will.

Ich hatte eine mir bekannte Planerin zu mir nach Hause eingeladen, um mir von ihren Erfahrungen erzählen zu lassen. Von Praktikanten, die Betriebsspionage begingen. Davon, dass sie in den ersten Jahren noch jedes Hochzeitsdatum ihrer Paare kannte, doch keinen einzigen Namen mehr. Auch sie betonte, wie sehr das Umfeld ihre Arbeit unterschätzte, warum sie es nicht wundert, dass viele Nachwuchsplanerinnen nach nur wenigen Hochzeiten wieder das Handtuch werfen. Sie sprach auch vom unschönen Umgang mancher Paare mit Dienstleistern, so auch mit ihren eigenen Mitarbeiterinnen. Einer aus ihrem Team wurde nicht einmal das Gläschen Wasser nach dem (kostenlosen) Kennenlerntreffen von über zwei Stunden spendiert. Sie spricht davon, wie sehr sich Paare beim Budget verschätzen, sie bei rund 100 Gästen mit knapp 10 000 Euro rechnen statt im Durchschnitt mit

40 000 Euro. Mühselig seien jene, die den Cent dreimal um-
drehen müssen, doch gleichzeitig auf nichts verzichten wollen – erst recht nicht auf ihre Dienstleistung als Planer! Sie
erzählte von Kunden, die sich um Zeit und Nerv gefeilscht
hatten, bis sie noch kurz vor zwölf die Kurve kriegten – und
sie natürlich auch! Anstrengend sei ein Paar gewesen, deren
150 Gäste das Menü selbst auswählen und ihre Entscheidungen dann an sie mailen sollten – natürlich schleppend, peu à
peu. Und sie bestätigte, dass gerade bei Neureichen viel Geiz
erkennbar sei, hingegen von Paaren mit bescheidenerem
Budget sogar noch liebe Dankeskarten und Pralinen nach der
Hochzeit kamen. Und dann verriet sie mir auch noch das
Höchstbudget einer ihr komplett anvertrauten Hochzeit:
500 000 Euro! Eine halbe Million! Da ist man sprachlos,
oder?

Eine andere Planerin erzählte mir, wie sie ein Paar einmal
abgelehnt hatte (es suchte sich eine neue Weddingplanerin), weil derart viel Protz und Show dabei gewesen seien,
dass es ihr verdächtig vorgekommen war. Ein Paar, das
ausnahmslos die Flüge aller Gäste übernehmen wollte?
Italien in großem Stil, mit Kronleuchtern in Zelten und jeder
Menge Schnickschnack? Nach kurzer Zeit kam ihr zu Ohren, dass kein einziger Dienstleister seine Anzahlung erhal-
ten hatte und deshalb natürlich alle weiteren Arbeiten ein-
gestellt worden waren. Und dann seien sogar die Gäste
wieder ausgeladen worden. Wohl doch zu sehr auf ›dicke
Hose‹ gemacht? Wie wertvoll doch das Bauchgefühl ist!

# Der DJ muss passen –
# er sorgt für den richtigen Ton!

*»Wir haben richtig coole Playlists mit Freunden erstellt und sparen nun das Geld für einen DJ, so bleibt mehr Geld für unsere Flitterwochen.«*

Ich starrte auf die Zeilen dieses Gruppenposts und hoffte irgendwie auf ein *PS* – so eins wie »War natürlich nur ein Scherz!«.

Doch leider war es keiner! Und deshalb hagelte es kurz darauf zahlreiche Reaktionen von ehemaligen Bräuten, die bereuten, sich ebenfalls so entschieden zu haben. Erlebnisberichte über angetrunkene Gäste, die sich am frei stehenden Laptop bedienten, in der rechten Hand noch ihre Flasche Bier.

Um Himmels willen – das ist wirklich nicht Aufgabe der Gäste, in eine Playlist einzugreifen oder schnell noch eine eigene zu erstellen. Die Hemmschwelle scheint niedrig zu sein, sich eines herrenlosen Laptops zu bedienen.

Verleiht nicht erst ein DJ an der Tanzfläche dem Fest seinen besonderen Charme? Als Profi hat er stets alle Gäste im Blick und spürt die Stimmungen, die er beeinflussen kann. Sein einziger Fokus ist auf die Gäste gerichtet, die er aufs Parkett locken will, dort, wo er die Tanzlaune mächtig anheizen kann.

Als ich Rednerin wurde, hatte ich die Verantwortung eines DJs komplett unterschätzt. Ich musste wohl erst tiefer in die Szene eintauchen, um von Onkel Fredi zu hören oder von selbst ernannten Hobbybands. Von herumspukenden ›Mucke-Machern‹, die über kleine Preise locken – und am Ende doch damit erschrecken. Ich erlebte DJs, die ihr Pult sogar mit Werbebannern schmückten, personalisierte Aufsteller mit anschleppten und zwischendurch den Gästen ungefragt ein paar Flyer in die Hand drückten.

Ein Profi-DJ weiß, dass die Tisch- und Tafelmusik nie lauter als das Geschirr ist! Ein Profi-DJ bleibt sichtbar, doch im Hintergrund, reißt weder Witze übers Mikro, noch moderiert er jedes Lied an oder kostümiert sich alle paar Stunden. Ein Profi kennt die Playlist und Musikrichtung seines Paares genau, bleibt aber trotzdem offen für spontane Wunschhits, die er einspielt, wenn das Timing stimmt. Ein Profi fischt nicht alle paar Runden Song-Bestellungen aus dem Publikumsbecken. Wenn ein DJ zum Gesprächsthema wird, dann manchmal auch, weil er die Lachnummer des Abends ist. Ein Profi-DJ sieht seinen Einsatz nicht als seine Show!

Und deshalb seien Sie bitte kritisch genug, damit die Feier nicht schon vor dem Essen aus dem Ruder gelaufen ist.

Die Location könnte eine Bruchbude sein, ein Profi bringt jede Ruine zum Beben, vorausgesetzt, die Gäste sitzen nicht da wie erstarrte Mumien. Tanzen verbindet, Tanzen macht glücklich. Wer tanzt, verbreitet Stimmung! Ich bin der Meinung, dass die Gäste ebenfalls dafür Verantwortung übernehmen und deshalb die Tanzfläche stürmen sollten – schon dem Paar zuliebe, das in all den Monaten nur einen Wunsch hatte: eine Feier, an die sich alle gern erinnern!

Der Wert des DJs ist kaum zu bemessen, aus diesem Grund ist es nicht fair, hier nur nach Tiefstpreisen zu gehen. Ich weiß von einem DJ, der nach der 500. Feier die Hälfte seines Gehörs einbüßen und seinen Traumjob an den Nagel hängen musste. Ein hoher Preis für einen, der immer ausnahmslos und über die Grenzen hinaus großartige Leistungen erbracht hat!

»Wir waren zu zweit für eine Hochzeit mit 240 Gästen gebucht worden. Wie üblich wollten wir die Gäste nach dem Essen zum Tanzen bringen, doch egal, welchen Song wir auch spielten, das Parkett blieb seelenlos – und wir wurden immer frustrierter. Als auch noch die Braut mit ernster Miene auf uns zukam, war ich vollkommen fertig! *»Wow! Ihr haut ja wirklich einen Hit nach dem nächsten raus. Falls ihr euch wundert, warum niemand tanzt: Das ist Gesetz bei uns, dass bis um Mitternacht getrunken und erst danach das Parkett gerockt wird! Also, keine Sorge, Jungs, ihr seid echt spitze!«*

»Während ich auflegte, kam ein Gast auf mich zu und sagte: ›*Can I play a few songs on your guitar?*‹ Zögernd fragte ich nach: ›*How good do you play?*‹ – ›*Not as good as I play the piano, but at least I had a few No. 1 Hits!*‹ Noch während er spielte, googelte ich ihn erst einmal im Internet und traute meinen Augen kaum: 200 Millionen Klick-Hits auf YouTube! Ich hatte einen regelrechten Weltstar an meinen Saiten!«

»Ein Hochzeitstag im tiefsten Mecklenburg-Vorpommern. Als Weddingplanerin war ich schon lange vor dem Paar an der Location gewesen und sehr erleichtert, weil alles wie am Schnürchen lief! Bis ... mir ein verzweifelter DJ von der Seite zuflüsterte:

›Die Boxen sind hier viiiiel zu weit entfernt!‹

›Äh, und was bedeutet das?‹

›Na ja, zu kurze Kabel!‹

Im Nu hatte sich Gelassenheit in Alarmstufe Rot verwandelt! Unsere Rettung war eine Tankstelle in der Nähe, wo wir uns glücklicherweise ein Verlängerungskabel ausleihen durften!«

»Höflich, wie ich bin, stelle ich mich den Brauteltern gleich zu Beginn einmal kurz vor, doch eine Reaktion wie diese – vom Brautvater – hatte ich noch nie erlebt: ›Ja ... *ach, schön für dich!*‹

Wow! Und deshalb konnte ich ihm eine kleine Retourkutsche nicht verwehren. Als seine Tochter für sich und ihn um einen Walzer bat, drehte ich den derart in die Länge, dass der Vater schön ins Schwitzen kam! Nach endlich 18 Minuten hatte er mich wohl verstanden ... und auf ein Zeichen der Braut hin erlöste ich ihn schließlich! Sorry, aber dieser Spaß musste einfach sein!«

Kennen Sie den absoluten Stimmungskiller für die Party – und erst recht für den DJ? Es ist die einst so berühmte (heute eher berüchtigte) »Mitternachtstorte«. Ist das Parkett nämlich endlich gefüllt, glühen hier die Knochen und wird die Hüfte wieder schlank gerockt, wäre jetzt der ungünstigste Zeitpunkt, das Licht anzumachen, die Musik zu unterbrechen und die Torte in den Saal zu fahren. Doch wenn das Paar darauf besteht, muss der DJ eingeweiht werden – am schlimmsten ist eine Überraschung, von der weder das Paar noch der DJ etwas ahnen.

(Anmerkung: Keine Sorge, zur Torte kommen wir auch noch. Mir läuft schon das Wasser im Mund zusammen.)

Ich gebe zu, dass ich im allerersten Jahr meiner Tätigkeit als Rednerin voller Begeisterung meinen Paaren die Mitternachtstorte schmackhaft gemacht habe. Mein Radius war sehr eingeschränkt, ich sah nur dieses Feuerwerk im dunklen Raum, ohne zu wissen, dass es der absolute Stimmungskiller sein kann. Hätte mich bloß die Erfahrung schon früher eines Besseren belehrt!

# Unübertroffen: Livemusik

Ob Gesang, Flöte, Cello und Co. – immer beliebter wird die Livemusik zur Freien Zeremonie; zum Einzug, Mittelteil und Auszug. Musik vom DJ-Pult ist zwar noch gängiger, doch fiele dann der Mittelteil weg, denn was tun Menschen, wenn es minutenlang aus den Boxen schallt und niemand dazu singt? Sie fangen an zu schnattern. Musik im Mittelteil muss man sehen!

Da sind ein paar meiner Kolleginnen glatt im Vorteil, weil sie nicht nur reden, sondern auch noch singen können. Oder nicht nur singen, sondern seit Kurzem auch noch reden! Zwei Fliegen mit einer Klappe zu schlagen – ganz cool, auch wenn es mehr Sänger gibt, die auch das Reden mit anbieten, als Redner, die auch singen.

Ich hörte Geigen, Saxofone und fantastische Stimmen. Lauschte Profis ebenso gern wie Darbietungen kleiner Nichten und Neffen des Paares, die zitternd ihre Flöten hielten. Bei der Ein- und Auszugsmusik überraschen meine Paare mitunter einander, wobei die Braut natürlich eher den Einzug (romantisch, langsam, tragend, emotional und sinnlich) und der Bräutigam den Auszug wählt (Pfeffer, Punk & Power). Einmal gab es zum Einmarsch etwas von *Adele* vs. Ausmarsch mit heftigstem Metal, der alle von den Stühlen gerissen hat! War das abgegangen!

»Für die Trauung auf einem Dampfer hatte der Bräutigam seine Liebste mit einer Geigerin überrascht. Was dann aber geschah, bleibt jedem unvergesslich. Erste Gäste, die sich verschämt Ohren und Schläfen rieben, weil der Auftritt – es lässt sich nicht anders umschreiben – einfach zum Gruseln war! Nur eine sah das anders, die Geigerin selbst, die unbeirrt ihr Programm durchzog! Man konnte sich das Ende nur herbeisehnen. Die Kritik nach der misslungenen Performance fiel zunächst zurückhaltend aus. Es brauchte einfach ein paar Drinks zur Lockerung der Zunge, um sich hinter vorgehaltener Hand noch einmal zu äußern. In einem aber waren sich wohl alle einig: die Absicht des Bräutigams als obersüße Geste!«

»Und wieder mal lief alles rund und perfekt. Auch die Frau am Keyboard hätte das Prädikat ›wertvoll‹ bekommen, wenn … sie nicht erst fünf Minuten vor der Trauung eingetrudelt und in einer Art Trainingsanzug erschienen wäre. Und … wenn sie nicht die ganze Zeit auf ihren Text gestarrt, sondern den Blickkontakt zu ihrem Brautpaar gesucht hätte, deren absoluten Lieblingssong sie in die Tasten haute.«

Apropos Blickkontakt: Ich achte ausnahmslos darauf, dass sich die Paare bei der Traufrage in die Augen schauen und sich am besten bei den Händen fassen, während ich noch einen schönen Text verlese. Und dann ihr Jawort – sollten sie mich dabei versehentlich anschauen, dann lasse ich sie das glatt wiederholen! Ehrlich, das ist aber erst einmal vorgekommen!

# Schön, schöner, am schönsten: Haare und Make-up

»Spieglein, Spieglein an der Wand, wer ist die Schönste …«
NATÜRLICH DIE BRAUT!

Eine befreundete Visagistin und Friseurin ist natürlich immer bestens informiert. Anno 2019 sind Vintage, Shabby & Co. sowie geflochtene Hinterköpfe gerade im Rückwärtstrend, das *Klassische* ist wieder im Anmarsch. Selbst bei der Deko entscheiden sich immer mehr für »schlichte« Eleganz. Doch Trend hin oder her, ich will, dass meine Paare ihren eigenen Geschmack ausleben!

Schönheit liegt zunächst im Auge des Betrachters, was nicht ausschließt, dass man auch eine objektive Meinung dazu haben kann. Am Ende aber strahlt die wahre, ungekünstelte Schönheit immer von innen nach außen und nicht umgekehrt. Was bringen Modelmaße, das perfekt geschminkte Gesicht, wenn hinter dieser »Perfektion« weder Herz noch Hirn stecken? Echte Schönheit hat Ausdruck – hat Stil und Wärme. Wo es an Tiefe fehlt, bleibt nur der Schein der Oberflächlichkeit. *(War das noch objektiv oder schon subjektiv?)*
Jede ist am schönsten, wenn sie sich so fühlt – NICHT, wenn sie (nur) so aussieht!

Ich weiß bisher von keiner Braut, die sich selbst frisierte und das Make-up auflegte, außer sie war vom Fach. Ich habe sogar noch die Stimme einer Braut im Ohr:

»Ich trage doch zum teuren Kleid kein Alltags-Make-up vom Discounter! Gibt es einen schöneren Anlass als meine Hochzeit, um mich in die Hände eines Profis zu begeben?«

Das klang nicht arrogant, es machte einfach deutlich, dass gerade der Hochzeitstag danach schreit, die eigenen Pinsel und Bürsten ruhen zu lassen. Wenn Sie es sich leisten können, gönnen auch Sie sich ein herrliches Rundum-betütelt-werden-Paket! Am Ende werden Sie sogar noch um eine Menge Tipps & Tricks reicher sein.

Ein Profi ist auch hier wieder, wer sein Handwerk versteht und den richtigen Blick für Sie hat. Wer Sie noch immer Sie selbst sein lässt, Sie lediglich betont. Sie keinesfalls überschminkt aussehen lässt, damit man Sie auch weiterhin erkennen kann. Unterstreichen JA – überpinseln NEIN!

*»Conni! Die Stylistin hat mir abgesagt!«*

Das Schluchzen meiner Braut am anderen Ende der Leitung war herzzerreißend.

*»Wie bitte? Zehn Tage vor der Trauung?«*

*»Ich war mit ihrer Anzahlung einen Tag im Verzug! Und dabei hatte ich ihr doch Bescheid gesagt, weil wir im Urlaub waren!«*

Ein Hoch auf ein gutes Netzwerk, tolle Kollegen und Internetforen, in denen einer dem anderen hilft.

Ich leide trotzdem immer mit, wenn so etwas passiert. Was geht in den Köpfen dieser Dienstleister vor? Einen Tag im

Verzug? Du meine Güte, ich bin ständig im Verzug (schicke meine Rechnungen oft erst, wenn ich daran erinnert werde, typisch Künstlerin).

*»Conni, vergiss die Rechnung nicht! Wir wollen gern die erste Rate überweisen!«*
   *»Ups, vergessen, war im Schreibrausch eurer Geschichte, ging irgendwie unter!«*

Mir ist es egal, ob meine Paare heute oder morgen zahlen, habe ich doch schließlich ausnahmslos in all den Jahren mein Honorar bekommen und bleibe sehr entspannt. Und je später die Überweisung, umso später haue ich das Geld auf den Kopf! Nicht auszudenken, dass meine lieben Paare MIR absagen würden, weil ich mit ihrer Rechnung in Verzug gekommen bin!

»Ich hatte eine ziemlich aufwendige Hochsteckfrisur gezaubert, in die sich die Trauzeugin vehement mit eigenen Vorstellungen eingemischt hatte. Mir war natürlich klar, dass da noch etwas nachkommen würde. Und wirklich! Als Braut samt Freundin nach der Hochzeitsfeier im Salon erschienen, war ich bereits vorgewarnt worden, ausgerechnet von deren Weddingplanerin. Gewarnt vor dreister Feilscherei im Nachhinein! Auch ihren Preis wollte man noch einmal drücken, weil sie die Wetter-App nicht ausreichend im Blick hatte, um rechtzeitig vor Wind zu warnen! Bei mir war es nun die Frisur, die angeblich auseinandergefallen sei! Nach 20 Jahren im Geschäft sind einem solche Fälle schon bekannt, deshalb ist man dagegen auch gewappnet und gut vorbereitet. Und so konnte ich anhand von Fotos ganz klar belegen, wie korrekt ich gesteckt hatte!«

Also, denken Sie nicht mal dran, das Profi-Styling von der Liste zu streichen, damit Sie auch nach 15 Stunden noch so aussehen wie am Anfang Ihrer Feier. Wollen Sie sich DAS entgehen lassen? Vergessen Sie auch Ihre Hände und die Nägel nicht, sie werden spätestens beim Ringtausch im Mittelpunkt stehen. Streichen Sie zur Not die Anschaffung eines Ringkissens oder blauen Strumpfbandes *(sorry, Jungs!)*.

*»Ich will nicht aussehen wie an jedem Tag der Woche, sondern wie ein Traum von einer Braut auf meiner lang ersehnten Feier!«*

Genau! Ich bin mir sicher, dass Sie schon durch Foren gesurft sind, in denen strahlende und stolze Bräute Selfies vom Probetermin bei Friseurin und Visagistin posteten. Auch hier verhält es sich wie mit dem Kleid, wenn Neider und Gönner zwei Lager bilden.

Ich hatte meiner Friseurin von Gesichtern erzählt, die nur zur Hälfte geschminkt waren, wohl, um den Vorher-nachher-Effekt deutlich zu machen.

*»Was? Niemals! Ich schminke meine Kundinnen natürlich so, wie sie an ihrem Tag auch aussehen würden! Das Vorher kennen sie doch zur Genüge!«*

»Mich hatte ein Hilfeschrei der Trauzeugin erreicht – die Frisur der Braut sei gerade dabei, sich aufzulösen! Eigentlich unmöglich, nachdem ich die Haare in meinem Salon fast einbetoniert hatte! Doch obwohl der Laden gerade brummte, organisierte ich dank meines Teams einen Abstecher zur Feier. Ich rauschte beinahe über jede rote Ampel und traf schweißgebadet an der Location ein. Und wer steht plötzlich ganz verdutzt vor mir? ›Aber … was machst DU denn hier?!‹

Da hatte mich die Trauzeugin doch eigenmächtig, ohne Wissen der Braut bestellt, weil sich eine Strähne am Hinterkopf gelockert hatte! Von Weltuntergang also keine Spur! Der Manschettenknopf des Onkels hatte sich beim Gratulieren in ihrem Haar verhakt! Nach meinem Fünf-Minuten-Einsatz gab es auf DEN Schreck ein Gläschen Champagner vom Feinsten!«

»Man kann den Gratulanten keinen Vorwurf machen, wann umarmt man schon mal eine Braut, erst recht eine verschleierte? Nur gut, dass ich gerade da war, um ihr Haarteil nach stürmischen Umarmungen rechtzeitig aufzufangen und den Schleier schnell wieder zu richten. Ich konnte zum Schluss nur noch lachen, als ich sagte: ›Ich habe deine Haare in der Tasche! Keine Sorge, hat niemand bemerkt!‹«

# Der Trauring –
# Schmuck der Unendlichkeit!

Beim Thema *Hände* wird mir warm ums Herz. Ich liebe kräftige, schöne, sogar tätowierte Männerhände! Und ein Ring am Finger macht die Sache noch (!) attraktiver! Ich stelle mir vor, wie stolz der Ehering getragen wird und deutlich machen soll, dass man vergeben ist. Mir gefällt meine Vorstellung, und ich will nicht wissen, wie weit die Wahrheit sich von ihr entfernt.

Es berührt mich, wenn mir Bräutigame sagen, mit ihrem Ring demonstrieren zu wollen, ihr Pendant gefunden zu haben.

*»Ein irres Gefühl! Wo immer ich auch bin, soll jeder sehen, dass ich für meine EINE jetzt vergeben bin. Und dass zur selben Zeit am anderen Ende der Stadt mein Mädchen ebenfalls ihren Ring trägt. Einen, der genau zu einem anderen passt – zu meinem!«*

Süß, nicht wahr?

Natürlich hängt das Glück nicht vom Trauring ab, doch darum geht es hier nicht.

*»Was gebt ihr denn für eure Ringe aus?«*

Wer so viel virtuell spaziert wie ich, hat diese Frage tausendfach gelesen und kennt die dazugehörigen Fotos, die im Minutentakt nebst Preis heraufgeladen werden. Ich achte dabei viel mehr auf die Hände als auf die Ringe und wundere mich, wie man abgekaute Fingernägel, auf denen der Lack abblättert, öffentlich zur Schau tragen kann.

*»Wir hatten Glück, denn unsere waren echte Schnäppchen!«*
Aha!

Und wie wertvoll ist so ein Ehering für Sie?

Manche Männer legen ihren Ring schon nach der Trauung ab, berufsbedingt oder weil sie ihn lieber an einer Kette um den Hals tragen. In Ausnahmen verzichtet der Mann sogar schon beim Kauf auf seinen.

Gehen wir mal davon aus, dass Eheringe zunächst für immer getragen werden, nachdem man sie sich gegenseitig voller Überzeugung und Glückseligkeit angesteckt hat. Spielt dann der Preis noch eine Rolle?

Mich berührt die Vorstellung, dass alte Menschen mit ihrem Ehering sogar begraben werden oder der verwitwete Partner diesen als Zweitring am Finger trägt.

Zwei Ringe = ein Ringpaar. Zwei Menschen = ein Ehepaar. Manche entwerfen ihre Ringe selbst oder schmieden sie sogar. Der Ehering – das Symbol der Unendlichkeit. Ohne Anfang. Ohne Ende.

Er soll stets daran erinnern, dass man an die Ehe glaubt und nichts und niemand sie trennen kann und dass man dazu steht. JA! Es gibt sie noch, diese unsterblichen Lieben!

*»Conni! Du Verträumte! Wirst schon sehen …«*

Ach, ich liebe meine Freundinnen!

*»Nein! Ihr werdet sehen! Manche Träume brauchen einfach nur Zeit, um in Erfüllung zu gehen! Am Ende wird das Timing ganz sicher immer perfekt sein!«*

Eine moderne Alternative zum Ringschmuck ist das Tattoo in allen Formen und Farben. Bei der jungen Generation entdecke ich kaum noch Körper, in denen keine Nadel Farbe unter die Haut gestochen hat. Es sei dahingestellt, ob man einem Trend erlegen war oder bewusst besondere Geschichten konservieren wollte.

»Kurz vor Beginn der Freien Trauung wurden den Gästen die Augen verbunden – damit sie sich in die Lage der blinden Braut versetzen konnten. Und um den Tag *noch* intensiver in Erinnerung zu halten, wurde ein einzigartiger Duft versprüht – mir steckt der heut noch in der Nase. Eine wirklich außergewöhnliche Idee mit viel Nachhaltigkeit!«

Manche Ringe sind sogar das Ergebnis eines Schmelzprozesses vererbter Eheringe der Großeltern/Eltern. Einige wurden auch nur erweitert und verfeinert. Ich würde allerdings nur dazu raten, wenn es gute Menschen waren, am besten, wenn sie eine glückliche Ehe geführt haben. Warum? Weil Energie nie stirbt! Gegenstände, die ein Mensch besonders nah am Körper trug, sind nämlich auf bestimmte Weise noch »beseelt«. Man könnte sie natürlich »reinigen« …

Kollegen erzählen oft, wie beliebt während der Zeremonie das Herumreichen der Eheringe von Hand zu Hand über ein Band ist. Auch ich erkläre meinen Paaren, dass die Ringe von all den lieben Gästen mit guten Wünschen »aufgeladen« werden, doch nicht ein einziges Paar hat das je gewollt. Völlig okay für mich, wenngleich ich mich frage, ob ich das unterschwellig zu ablehnend transportiere.

# Sag's mit Blumen!

Schon kriegen meine Augen dieses Strahlen, und meine Nasenlöcher plustern sich auf wie die Nüstern beim Pferd, denn: Bitte keine Hochzeit ohne Blümchen! Ohne Duft und leuchtende Farben der Natur! Ob nun im Haar, am Revers, ums Handgelenk oder als Tischdeko …

Natürlich kann ich einige von Ihnen denken hören: *»Aber Schnittblumen sind doch tote Blumen, warum dann nicht gleich künstliche oder meinetwegen Seidensträuße?!«*

Meine Antwort: *»Hey, Hochzeit ist! Ausnahme-Feier! Ist alles erlaubt!«*

Es tut mir leid, die Freude an Blumen übersteigt mein moralisches Gewissen! Ich liebe sogar Gänseblümchen und binde aus ihnen gern Kränze für meine Kinder!

Ob nun also wilde, schlichte, einzelne oder gebundene, als Strauß oder Kränzchen, geflochten oder als Gesteck – keine Frau möchte auf eine Floristin verzichten. Sie weiß ganz genau, was wann besonders blüht, kennt sich mit Haltbarkeit, Pflege, Komposition und Deko aus. Sie versteht es, das Farbenthema Ihrer Hochzeit aufzufangen (»Sagen Sie es durch die Blume!«). Soll es lieber ein Gesteck als Tischdekoration sein? Welches Kraut wird an den Brautstuhl gebunden?

Ich sage bewusst NUR »Brautstuhl« und oute mich als Blumendiebin, seit ich zweimal in den Jahren ein zartes

Pflänzchen von der Stuhllehne des Bräutigams entfernt habe. Es hatte einfach zu verloren gewirkt und passte nicht zum Bräutigam, einem Hünen von Mann mit seinen über zwei Metern. Ich wusste doch, wie sehr er »niedlich« hasst – und dann ein verlorenes Blümchen hinter seinem breiten Kreuz?

Doch für die Trauung gibt es auch tolle Alternativen: Kränze, bedruckte Stoffe, Kreidetafeln oder gestempelte Holzbretter – Inspirationen, so weit das Auge reicht!

Mit welchen Blüten schmückt sich die Braut, wie sieht ihr Brautstrauß aus und wiederholt sich in Größe XXS am Revers des Mannes? Also, ein durchdachtes Gesamtkonzept sieht schon sehr sexy aus! Stimmigkeit ist wichtiger als Trend. Shabby Chic im modernen Designerloft? Kontraste können großartig sein, doch für die Umsetzung braucht es einfach ein geschultes Auge oder zumindest viel Gespür für harmonische Kombinationen. Egal, wie groß das Dekorationstalent einer Frau auch ist, eine ganze Veranstaltung zu schmücken, ist wirklich eine ganz andere Aufgabe.

Buchen Sie einen Traubogen, oder basteln Sie selbst einen? Drei Bolzen, Spitzengardinen, Zweige, wilde Blumen ums Gerüst gebunden – fertig und ganz wundervoll! Sollen Laternenspieße oder blumenbehangene Pfähle im Boden den Weg zum Trautisch zieren?

Folgen Sie mir nach Ibiza, an den Ort einer unvergesslichen Trauung. Wir befinden uns direkt am Strand vor einem Beachclub. Gerade wurde der wunderschöne Traubogen geliefert – und damit auch das Chaos: Die Blumengestecke hatten ein derart wuchtiges Gewicht, dass man sie schon allein unmöglich heben, geschweige denn sie ohne Hilfe um die Balken flechten konnte. Und so wurde ich Zeugin, wie die Balken aufgrund der Last immer tiefer im Sand verschwanden, weil das Gerüst dem Gewicht nicht standhielt. Verzweiflung, Schweißausbrüche – und am Ende lag die Hälfte der Pracht im Sand, und die Balken hatten gefährliche Risse. Wie sehr ich die Wut des Bräutigams nachvollziehen konnte, bei dem Preis, den er hinblättern musste! Und auch wenn mein Kopf fast den Bogen berührte, war es eine Trauung wie im Bilderbuch!

Und noch was Blumiges in Bezug auf die engsten Verbündeten des Paares. Es sieht süß aus, wenn jeder von ihnen das gleiche Blumenbändchen bzw. den gleichen Stecker am Revers trägt. Die Buddys, die besten Freundinnen – sie bilden schließlich einen »Clan«, der stolz ein Zeichen setzt und mit den gemeinsamen Accessoires seine Teamzugehörigkeit betont. Ich sehe das immer häufiger, und mir persönlich gefällt es sehr.

Nun dürfen wir die kleinen Blumenfeen, die zauberhaften Blütenstreuerinnen, nicht vergessen!

»Man mag es kaum glauben, aber das Streuen ist schon eine Kunst für sich! Da sollen kleine Zuckerschnuten in ihr Weidenkörbchen greifen und gezielt den Inhalt werfen – doch wohin, wenn sie das vorher nicht geübt haben? Damit ihr Auftritt also nicht nach hinten losgeht, sollten sich die Kleinsten mit ihrem »großen« Auftritt etwas vertraut gemacht haben. Zu Hause mit getrockneten oder künstlichen Blütenblättern zu üben, wäre ideal! Wie oft mir schon Erwachsene ins Bild gelaufen sind, die ihrem Spross jetzt auf die Schnelle ihre Aufgabe erklärten und dabei leicht ins Schwitzen kamen. Wie soll der kleine Windelpupser auch kapieren, dass er Rosenblätter weder in den Mund stecken noch einzeln an die Gäste verteilen soll? Momente, in denen ich mich hinter der Kamera zwar amüsieren könnte, die mich aber andererseits frustrieren, weil ich mein *perfect picture* nur mit Unterbrechungen im Kasten habe!«

»Was die Kleidung der Kids angeht, würde ich zu mehr Abstimmung raten, gerade wenn sie als Grüppchen zusammen laufen. Jeanskleid mit Ringelsocken neben Seidenrobe und Lackballerinas – wenngleich es dem Gefühl keinen Abbruch tut, so wird der Stilbruch später auf den Fotos umso deutlicher. *(Anmerkung: Einige Paare zeigen sich besonders großzügig und übernehmen die Kosten für die Kleidchen der Blumenmädchen. Wir sprechen hier nicht von Luxusgarderobe. Harmonie und Einheitlichkeit müssen nicht viel kosten.)*
Planen Sie Ähnliches? Zu niedlich sind natürlich auch die männlichen Sprösse, die mit Schildern vor der Brautmami herlaufen.
*›Papa, hier kommt Mama – deine Braut!‹*
Der letzte kleine Kerl trug Hosenträger, einen Hut und einen Nadelstreifenanzug in Größe 134.

Und nun, wie könnte es auch anders sein, der Brautstrauß!

Nach alter Tradition wird der Brautstrauß vom Bräutigam bestellt. Manchmal wird es sehr lustig, wenn ich das zur Sprache bringe:

*»Conni! Um Himmels willen! Schatz hat kein Gefühl für Blumen, er kennt bis heute nicht mal meine Lieblingspflanzen! Setz dem blooooß keinen Floh ins Ohr!«*

*»Okay! Ihr werdet euch schon einig! Oder weiht eine Freundin mit ein? Dann kommen wir mal kurz zum Werfen des Brautstraußes!«*

*»Niemals! Oh nein! Ich gebe meinen Strauß nicht her, das bringe ich nicht übers Herz! Ich lasse eine kleine Minikopie anfertigen. Oder … was denkst du über einen plüschigen Vogel Strauß?«*

Hilfe! Da ist er wieder, der Moment, wo du zwar ehrlich sein, doch keinesfalls verletzen willst.

*»Meine Meinung zählt hier nicht, ihr Lieben! In diesem Punkt bin ich zu spießig. Richtig altmodisch, denn ich liebe Traditionen und bilde mir ein, dass allein der Originalstrauß der Fängerin Glück bringen wird.«*

Anmerkung: Man sollte vorher aber sicherstellen, wer als Fängerin infrage käme … drei wären fast schon zu wenig, sie könnten sich vorgeführt fühlen! Sollten sich aber alle Unverheirateten – Singles wie Liierte – gemeinsam aufstellen, hat das richtig Unterhaltungswert. Im Grunde wäre es dann eine ganze Armada, ausgenommen die Familienangehörigen.

Kennen Sie auch die Filme, die im Netz kursieren, in denen sich die Junggesellinnen fast die Köpfe einschlagen? *Brutalität* wäre ein zu zärtlicher Ausdruck dafür.

Was das Plüschtier, den Vogel Strauß, angeht: Wer hat sich diesen Gag nur ausgedacht? Vielleicht als Trostpreis – ein kleiner Kompromiss? Doch als Ersatz zum Blumenstrauß? Wird der wirklich einen Platz im heimischen Regal der Fängerin finden? Vielleicht denkt meine Generation auch viel zu undankbar, während der Vogel Strauß genau den Nerv der jungen Generation trifft.

Von wegen ›Ich gebe meinen Brautstrauß niiiiiemals her!‹ … Mir sind bisher lediglich zwei Bräute bekannt, deren Strauß noch irgendwo im Keller, in einer Kiste zwischen gesammelten Glückwunschkarten, vor sich hin staubt. Ein sicherer Aufbewahrungsort – und schließlich weiß man nie, wann man den noch mal brauchen kann!

Realistisch gesehen überleben bestimmt nur die wenigsten Sträuße den zweiten Hochzeitstag, weil der Anblick der Staubhaube – falls Dekoschmuck im Wohnzimmer – nicht mehr zu ertragen ist. So frisch wie auf den Fotos ist er niemals wieder …

*Hat Ihre Mutter auch in den 80er-Jahren ausnahmslos alle Blümchen, die sie je bekommen hat, mit Haarspray fixiert und sie zwischen Küchenschrank und Decke gestapelt?*

Ist Ihr Strauß also nicht bestens aufgehoben in den Armen einer heiratswilligen Freundin? Alternativ kann man seinen Strauß natürlich auch abmalen oder einrahmen lassen – kreative Spezialisten haben wahre Nischen auf dem Markt entdeckt!

»Es war mit über 30 Grad brüllend heiß gewesen, warum der Brautstrauß kurz vorm Wurf auch aussah wie Unkraut. Schade, dass ich nicht mehr mitbekommen habe, ob sich tatsächlich jemand darum gerissen hat – Glücksbringer hin oder her.«

Mir steigen gerade tausend Düfte in die Nase, allen voran mein geliebter Lavendel, auf den aber oft verzichtet wird, weil er allergische Reaktionen hervorruft. Ich überlege, wer Sie noch beraten könnte …. vielleicht die Freundin mit einem grünen Daumen? Eine, die im Grunde ihres Herzens lieber Floristin als Buchhalterin geworden wäre? Falls sich aber niemand findet, suchen Sie vielleicht doch das Gespräch mit der Floristin. Aber keine, die am Straßenrand in ihrem Kiosk Nelken aus Plastikeimern verkauft, die den ganzen Tag Autoabgase inhalieren.

# Bilder für die Ewigkeit

»… nun bitte gaaaanz verträumt in meine Kamera schauen! Genau! Schön so! Ihr seid toll! Und wenn ihr jetzt das rechte Bein noch etwas hebt, dabei den Baum umarmt und das Kinn nicht zu … Jajajaaaa, kommt schon, gut so, lächelt mich an und ruft auf mein Kommando ›Käääsekuuuuchen‹!«

Sie denken, was ich denke? Ich scherze nicht – doch wenn man wie ich mit so vielen tollen Fotografen zusammenkommt, vergleicht man automatisch. Schöner als jedes gestellte Foto sind natürlich die Momente, in denen das Paar nicht mitbekommt, dass es gerade eingefangen wurde. Lassen Sie sich unbedingt die Arbeiten Ihres Fotografen zeigen, bevor Sie ihn buchen. Achten Sie auf seinen Blick – denn Auge und der richtige Riecher sind seine Werkzeuge. Ideal ist, wenn er den *perfect moment* bereits wittert, noch bevor er eintrifft. Die besten Bilder lassen sich kaum inszenieren. Ausnahme: Gruppenfotos. Die werden natürlich in Szene gesetzt. Auch das ist ein Handwerk für sich … damit nicht Karokleid zwischen Streifenanzug und Pünktchenoverall steht. Ich persönlich bevorzuge Bilder, auf denen Liebende sich in die Augen schauen und nicht in die Linse der Kamera grinsen. Sogar auf Fotos lässt sich die Energie zwischen Menschen spüren.

*»Der macht seit 35 Jahren Fotos! Ein echter Profi!«*

*»35 Jahre? Wow, der kann bestimmt noch alte Schule! Habt ihr seine Fotos schon gesehen? Ist man Profi, wenn man etwas lange macht?«*

Verlegen blickt der Bräutigam zu seiner Frau.

*»Äh, nö, die wollten wir uns dann natürlich noch mal … irgendwann … anschauen. Wir waren erst mal froh, dass der an unserem Tag noch Zeit hat! Der wurde uns von einem Bekannten einer Bekannten wärmstens empfohlen.«*
*»Und warum wurde er empfohlen? Und über ganze drei Ecken – na, dann bin ich ja beruhigt …«*

Ich spreche mit meinem Paar noch eine Weile über ihre Vorstellungen, über mögliche Motive, Unterschiede zwischen Fotografen und deren Arbeitsweisen. Über Ergebnisse, die sehr weit auseinanderklaffen. Wer nie auf Messen war und keine Vergleiche kennt, könnte eines Tages klingen wie eine meiner Bräute von vor ein paar Jahren, der ich ans Herz gelegt habe, bei diesem Punkt wirklich genau hinzuschauen:

*»Conni! Wir sind sooooo enttäuscht. Ich könnte einfach nur heulen! Da warten wir seit zehn (!) Wochen sehnsüchtig auf die Fotos und finden von 200 gelieferten lediglich vier (!) ganz okay!«*

Auf einem Dienstleistertreffen hatte ich neben einem Fotografen gesessen, dessen Vorstellung mich bereits geflasht hatte. Schnell war klar, der konnte nicht nur cool reden, der war auch cool! Heimlich hatte ich mir einen Auftrag mit ihm gewünscht, doch wäre das wahrscheinlich ein Sechser im Lotto gewesen, weil wir aus unterschiedlichen Städten kommen. Zwei Jahre strichen ins Land, als mein Gebet plötzlich erhört wurde. Ich hatte gerade den Trautisch an der edlen Location eingerichtet, als mich jemand stürmisch von hinten umarmte. Bingo! Da stand *er!* Dieser eine, der sich nie für was zu schade war, der gerne Grenzen überschritt, weil er mit Vollblut seinem Job nachging! Einer, der sogar ins Wasser springt, wenn er gerade dort den besten Winkel fürs nächste Motiv vermutet!

»Fotografen sind wie ein Schatten am Paar und deren Gästen, schaffen Bindung und Verbindung, oft auch übers Hochzeitsfest hinaus. Das Honorar ist oft nicht annähernd so wertvoll wie ein gelungener Einsatz, die Begleitung eines wundervollen Tages mit noch wundervolleren Menschen! Am liebsten sitze ich noch nachts am Rechner und lösche den Ausschuss, bevor ich die Highlights bearbeite. Die ersten Ergebnisse sind meine ›Vorfreude-Bilder‹ und gehen noch am Abend raus. Ich kann Kollegen nicht verstehen, die am Ende einer Feier nur den Stick aus ihrer Kamera ziehen und ihren Paaren überlassen. Werden wir nicht für Klasse und Qualität bezahlt? Keine Braut will sich mit Doppelkinn, will den verwischten Arm des Kellners in der Ecke des Fotos sehen – wem will man denn so etwas zeigen? Unser Anspruch sollte sein, allerbeste Ergebnisse zu allerbester Zufriedenheit zu liefern, denn davon leben wir weiter – von möglichen Empfehlungen! Von Buchungen zu weiteren Events des Paares! Unsere Ergebnisse sind unsere Visitenkarten! Fotografen unter Stress und Zeitdruck machen Bilder, die für sich sprechen. Zwei Events am selben Tag? Kein Wunder, dass auf Nachbearbeitung oft verzichtet wird.«

Ich weiß von einem Kollegen, der seinen Paaren zum Abschied schon einen Extra-Stick mit ersten »Top Ten«-Bildern überreicht. I like it!

&

»Gerade hatte ich die Damen von den Herren getrennt, um sie fürs Gruppenbild aufzustellen, als eine Windböe meinen Rock hochfliegen ließ und freie Sicht auf meinen roten Slip gewährte! Die Herren, in Reih und Glied hinter mir, um die Damen durch freche Grimassen zum Lachen zu bringen, mussten ihrer Aufgabe nicht mehr nachkommen – mein Slip war Grund für genug Gekreische auf allen Seiten und damit aber auch ein Garant für fantastische Schnappschüsse!«

&

»Ich liebe Perfektion und Ästhetik, und ausgerechnet mir passiert ein blöder Fauxpas! Mein Paar hatte eine Traumvilla gebucht, um dort mit Freunden und Familie über mehrere Tage ihre Hochzeit zu feiern. Nachdem ich meinen Wagen mit dem nötigen Equipment beladen hatte, entspannt im Jogginganzug für die lange Fahrt am Steuer saß, war ich am Ziel dem Schock nahe: Ich hatte meinen kompletten Reisekoffer samt Garderobe vergessen! Wie glücklich ich mich schätzen durfte, dass mein Paar unter den Gästen Einzelteile für mich zusammensammelte, damit ich mich nicht als Fotografin im Sportdress unter die feine Gesellschaft mischen musste!«

»Nach einem Kennenlerntreffen mit dem Bräutigam (die Braut war leider verhindert) kam ich am vereinbarten Tag an der Location an und war mir gleich sicher, die Braut erkannt zu haben, obwohl ich zuvor kein Bild von ihr hatte. Egal, bin doch Profi und habe einen sehr geschulten Blick. Theoretisch! Pustekuchen, denn zum ersten Mal sollte ich irren! Eine junge Dame, die verdächtig nah und lange am Bräutigam klebte, hatte ich also irrtümlich zur Braut erklärt und wie verrückt geknipst, bis … auf einmal eine etwas ältere Frau am Bräutigam erscheint und ihn ganz sinnlich auf die Lippen küsst! Da begriff ich, dass die junge Dame zuvor die Tochter der Braut war. Sehr unangenehm!«

»Mir war was unter meinen Rock geflogen, und ich wand mich beim Knipsen wie eine Bauchtänzerin, weil ich das Shooting nicht mehr abbrechen konnte. Und dieses Biest, es wollte einfach nicht verschwinden, bis … man einfach über sich selbst lachen muss. Und wenn ich erst mal lache, dann ist das ansteckend! Zum Glück gab's keine Stiche, sondern megageile Stimmungsfotos!«

»So lieb mich meine Paare auch bitten könnten, ich verschiebe die Paarfotos nicht auf den nächsten Tag, nur weil sie dann mehr Ruhe hätten. Nein! Dieser Zauber, dieser Glanz in den Augen – das kann man nicht mehr nachstellen! Ebenso sage ich Nein zur ›Sneak preview‹ kurz vor der Trauung. Warum? Wofür? Ergibt für mich keinen Sinn! Der Augenblick, in dem der Bräutigam seine Braut zum ersten Mal in ihrem Traumkleid auf sich zuschreiten sieht. Ausdrücke, die man unmöglich wiederholen kann. Ich will diese Einmaligkeit – egal, wie groß auch am nächsten Tag noch das Glücksgefühl ist!«

Die Meinungen zu *Sneak previews* und Shootings *vor* der Trauung gehen ziemlich auseinander. Da protestieren manche Männer, sie wollen sich schließlich überraschen lassen, während andere Paare von ihren Fotografen überzeugt wurden, lieber kurz vor der Zeremonie zu shooten. Der häufigste Grund seien die besseren Lichtverhältnisse.

Ein liebes Kollegenpaar bietet seinen Paaren immer ein »Vorfreude-Shooting« (geschützter Begriff) an. Sie treffen sie einige Tage vorher an der Location und machen sich – in Alltagskleidung – schon mal warm, nehmen verschiedene Positionen ein und suchen die besten Spots. So müssen sie am Tag der Hochzeit nicht ganz so lange von ihren Gästen fernbleiben, weil sie schon wissen, wie sie am besten zur Geltung kommen, und ihr Posen vor der Kamera nicht mehr ganz so fremd wirkt. Eine Idee, die immer öfter angenommen wird.

Ein Video hatte im Netz die Runde gemacht, bei dem ich vor Lachen fast erstickt wäre: Da steht der Bräutigam rücklings zur Tür, aus der gleich seine Braut erscheinen soll, um sich ihm kurz zu zeigen. Und wie er so wartet, nervös von einem Fuß auf den anderen tretend, klopft ihm jemand auf die Schulter. Mutmaßend, es sei seine Zukünftige, dreht er sich gaaanz langsam um. Doch wer steht da? Sein übergewichtiger Freund, hineingezwängt in ein Hochzeitskleid! Dann sieht man den Bräutigam schallend lachend zusammenbrechen. Geile Idee!

»Einsätze wie diese möchte man am liebsten nie erleben. Einsätze, die alles andere als zum Lachen sind. Bei denen man nicht weiß, wie und ob man überhaupt Fotos schießen kann, die später schöne Gefühle auslösen und besondere Erinnerungen wecken. Bereits beim Eintreffen in der Location war die Stimmung bedrückend und die Atmosphäre kaum zu ertragen. Man spürte die Trauer, die in der Luft lag, die Anspannung, die von jedem ausging. Was war nur passiert? Trennung, Unfall, Todesfall? Ich erfahre, dass der Brautpapi in der Nacht verstorben war und man nun überlege, alles abzusagen oder es durchzuziehen, weil genau das natürlich auch der Wunsch des Vaters gewesen war – dass seine geliebte Tochter ihre Feier bekommt! Man saß noch eine ganze Zeit zusammen und entschied sich schließlich dafür! Alles war bezahlt, zum größten Teil auch vom Brautvater – und auch die Gäste waren bereits auf dem Weg. Natürlich flossen Tränen

ohne Ende, und im Mittelpunkt stand eine natürlich verzweifelte Braut.«

(Anmerkung: Auf meinem Trautisch steht, wenn Elternteile
fehlen, eine Kerze nur für sie, manchmal lehnt ein Foto da-
vor. Geht es um verstorbene Großeltern, Geschwister oder
enge Freunde, lassen wir oft vor Beginn der Trauung einen
Ballon in den Himmel steigen. Die Namen lasse ich weg und
sage nur: »Es gibt Menschen, die hier heute fehlen, und die
möchten wir jetzt noch mal einladen. Wenn der Ballon nicht
mehr zu sehen ist, dann sind wir vollzählig. Danach fangen
wir an.« Manchmal hängen meine Paare noch eine kleine
Botschaft an das Band des Ballons.)

# Da war doch noch was –
# die Hochzeitstorte

Ich schreibe nicht einmal den ersten Satz zu Ende, da kann ich spüren, wie meine Taille an Umfang gewinnt. Ich bin ein Junkie. Ein Leben ohne Süße ist für mich nicht vorstellbar – noch ist Zucker mein liebstes Gewürz, und alle meine Sünden bestehen genau daraus! Vielleicht werde ich eines Tages so ein veganer Sugar- und Fatfree-Typ. Vielleicht, aber nur ein kleines bisschen vielleicht! Bis dahin aber könnte ich eine ganze Ladung Kalorien umarmen und flüstern: »Wir zusammen gegen den Rest der Welt!«

*Der ›Braut-Kuchen‹*
*Ein traditioneller Bestandteil sollte nicht fehlen: das Marzipan. (Die Süße des Zuckers steht für Glück in der Liebe; die Bitterkeit der Mandeln fürs Bewältigen schlechter Zeiten; das Rosenöl für Leidenschaft.) Die klassische Torte ist weiß – wie die Reinheit und Unschuld – und wurde/wird als Verbindung zum (weißen) Brautkleid gesehen. In Zeiten, als Zucker fast noch Luxusgut war, sprach eine Torte mit Glasur natürlich Bände! In manche Hochzeitstorten werden zwei Kaffeebohnen eingebacken (die geröstete prophezeit dem Finder ein glückliches Eheleben, eine ungeröstete bedeutet ein langes Leben als Single – welch ein Orakel!). Eine dreistöckige Hochzeitstorte steht für: Vater,*

*Sohn, Heiliger Geist oder Liebe, Heirat, Eheleben. Eine fünfstöckige für die Lebensabschnitte Geburt, Kommunion/Konfirmation, Heirat, Kinder, Tod. Das erste vom Paar angeschnittene Stück steht für den Akt der gegenseitigen Fürsorge. Den obersten Teil sollte man laut Brauch einfrieren, um Unglück in der Ehe zu vermeiden – es zur Taufe erst wieder auftauen.*

Die Hochzeitstorte, die es nur noch selten um Mitternacht gibt, kommt ganz besonders nach der Trauung an bzw. zum Empfang am Nachmittag bei Kaffee und Sekt. Sie ist ein willkommener Appetizer! Das Brautpaar schneidet das Meisterwerk von unten an und verteilt die ersten Stücke, bevor das Servicepersonal übernimmt, weil sich die meisten Paare jetzt zum Shooting schleichen. Wissen Sie, wer alles auf die Hände beim Anschnitt der Torte achtet, nur um danach tuscheln zu können: *»Hast du gesehen? Ihre Hand lag oben – dann wird sie in der Ehe auch die Führung übernehmen?!«*

*»Typisch XY! Nicht einmal jetzt überlässt er seinem Schatz die Führung!«*

»Dass Erdbeeren im April noch nicht schmecken und Bäcker kein Tiefkühlobst verwenden, konnte mein hochrangiger Kunde einfach nicht beherzigen und orderte entgegen meinen Ratschlägen ein Erdbeerherz. Ich hatte Glück und konnte vom Konditor eines Luxushotels dann doch noch eine abholen. Doch was war das? Überdimensional und absolut hässlich! Egal, ab in den Kofferraum (ohne Kühlkammer) – doch wie würde das Herz bis 22 Uhr zum Dessert überleben? Nach zwölf Stunden war klar, dieses Backwerk war unmöglich, es hätte meinen Ruf ruiniert. Also bat ich den Bäcker darum, bitte schnell etwas Neues zu zaubern und es mit Eiswürfeln und Blüten zu verzieren. Glück im Unglück: Im zweiten Anlauf gelang ihm ein wirklich wunderschönes Herz, das er im Kühlwagen zur Location brachte. Ausnahmslos alle waren begeistert!«

*»Meine Tante backt Torten, da würde sogar die englische Prinzessin vor Neid erblassen! Meisterwerke der Superlative! Der Haken dabei: Sie sind nur äußerlich der Hammer! Bis heute hat nämlich keine von ihnen geschmeckt. Wie kann ich ihr sagen, ohne sie zu verletzen, dass sie bitte keine Torte für meine Hochzeit in zwei Wochen backt?«*

»Auf dem Land liefern Konditoren immer selbst aus, doch ausgerechnet unserem war auf dem Weg zur Feier ein Reh vors Auto gesprungen, und die vierstöckige Torte wurde durch die Vollbremsung komplett durchs Auto geschleudert! Die Locater vor Ort waren großartig, restaurierten so liebevoll, wie es nur eben ging, auch wenn am Ende leider eine Etage fehlte. Die süße Braut nahm es mit Humor: ›Hauptsache, dem Reh ist nichts passiert!‹«

*»Wer backt uns eine schicke Torte? Wir haben 200 Gäste und ein Budget von 250 Euro!«*

Oh, ob da nicht eine Null fehlt? Vielleicht übertreibe ich etwas, doch diese Ausschreibung konnte nicht einmal Hobbybäcker reizen. Hochzeitstorten sind meisterhafte Kunstwerke, nicht nur schön anzusehen, sondern auch süße Köstlichkeiten! Wer sich im Internet Hochzeitstorten anschaut, hat die Wahl zwischen unzähligen Figuren, Formen, Farben. Kreationen, für die meine Vorstellungskraft als Normalsterbliche (ohne Talent zum Backen) nicht mal ausreichen würde!

*Tipp 1:*

*Wer sparen muss und trotzdem nicht auf leckeren Kuchen verzichten will, wünscht sich vielleicht die Alternative: ein von Freunden und Familie zusammengestelltes und hübsch angerichtetes Kuchenbüfett.*

*Tipp 2:*

*Auf großen, mehrstöckigen Etageren einfach Muffins, Pralinen, Schokoküsse etc. drapieren. Oder personalisierte Donuts mit allen Namen der Gäste an lange Nägel hängen etc.*

Langsam nähern wir uns dem Ende des Buches. Doch auf einen wichtigen Punkt möchte ich noch eingehen.

# Wegbegleiter ins Glück –
# die Trauzeugen

»*Conni, ich kann mich nicht entscheiden, kann ich auch zwei nehmen?*«

»*Hey, Freie Trauung ... weißt du noch? Du könntest eine Handballmannschaft zu Trauzeugen machen, auch wenn ich dir davon wahrscheinlich abraten würde!*«

»*Conni? Jetzt kommt's: mein Schatz hat vier!*«

Wir lachen.

Ich weiß, wie schwer die Entscheidung fallen kann, jemandem diesen Ehrenstatus zu verleihen. Auf dem Standesamt braucht man heute keine Trauzeugen mehr, und bei der Freien Trauung ist alles erlaubt, das nimmt den Druck etwas raus. Ob alle mit am Trautisch sitzen oder lieber in der ersten Reihe ... hinter jeder Entscheidung stehen oft lange Überlegungen. Man will doch niemanden enttäuschen. Doch geht es viel mehr um das eigene Gefühl, und Mitleid ist dabei fehl am Platz.

Ist die Auswahl getroffen, machen viele Bräute sogar einen richtig süßen Akt daraus, formell die Frage aller Fragen zu stellen, im Grunde wie beim Antrag: »*Liebe XY, ich frage dich, möchtest du meine XY sein?*«

Sehr niedlich! Da werden Briefe überreicht, gravierte Armbänder, bedruckte T-Shirts etc. ...

Machen Sie sich ruhig etwas vertraut mit dem »Amt« des Trauzeugen. Wofür steht er? Was bedeutet er Ihnen? Bei einer Taufe sind auch die Paten sehr überlegt ausgesucht worden. Trauzeugen … Organisatoren des JGA (Junggesellenabschied), Toast-Redner und Ansprechpartner auf der Hochzeit und natürlich hoffentlich noch weit darüber hinaus. Als Begleiter im Leben des Paares durch alle Gezeiten des (Ehe-) Lebens und der Freundschaft.

## Wie sich Trauzeugen, Familien und Gäste verhalten sollten – und wie nicht

»Da hatte meine Braut ein Hotelzimmer zusätzlich für ihre Trauzeugin mitgebucht, um von ihr zum ›getting ready‹ am nächsten Morgen begleitet zu werden. Die Freundin allerdings, eine Berlinerin, hatte untröstlicherweise ihren letzten Zug verpasst. Der Grund war ein Date (!), das viel länger als erwartet gedauert hatte! Statt dann immerhin den ersten Zug am Morgen zu nehmen, traf sie irgendwann mit viel Verspätung ein. Die Anspannung zwischen den beiden war leider kaum zu entkräften. Meine Braut hatte sich alles so schön ausgemalt. Das tut einem schon weh, wenn man als Zeugin so dicht am Geschehen ist.«

*Tipp:*
*In meinen Augen ist alles unverzeihlich, was – ob aus Nachlässigkeit oder Vorsatz – die Freude des Paares trü-*

ben kann. Alles infrage zu stellen, sich mit Ach-so-gut-ge-meinten-Tipps einzumischen, sich in den Mittelpunkt zu stellen und eigene unerfüllte Sehnsüchte zu projizieren oder zu kompensieren.

Eines darf niemals vergessen werden – das Paar braucht Unterstützung von echten Freunden:

WER heiratet?! WORUM geht es wohl dem Paar?!

»Die Trauung sollte zwischen Steg und See direkt am Strand stattfinden. Die Mehrheit der weiblichen Gäste hatte ihre High Heels abgestreift und watete durch den Sand auf die geschmückten Bänke zu. Bis auf eine – ausgerechnet die Brautmama –, die leider dadurch negativ auffiel, weil sie laut genug für alle der Rednerin verkündete:

›Wenn Sie glauben, dass ich jetzt meine teuren neuen Sandalen mit Sand versaue, haben Sie sich wirklich getäuscht!‹

Und so saß sie ganz allein auf einem Stuhl, den man ihr auf den Gehweg gestellt hatte.« *(Mögen ihr zumindest die Schuhe ihr Verhalten gedankt haben!)*

»In 40 Prozent meiner Einsätze waren ausgerechnet die Mütter ein Störfaktor. Nicht nur während der Planungs-phase, sondern auch noch auf der Feier! So hatte eine Brautmutter über den Tag verteilt viermal ihre Garderobe gewechselt! Eine andere war in einem pinken Cadillac zum Haus der Kinder vorgefahren – mit Hochsteckfrisur und pinkfarbenem gepunktetem Petticoatkleid! Sie habe ihre Tochter überraschen und sie ganz spontan zur Kirche fahren wollen.

Ich sehe meine Braut noch vor mir, der Teint immer blasser, und wie ihr Blick zum Oldtimer eines Freundes wanderte, der sein kleines Auto bereits festlich für sie geschmückt hatte. Ahnen Sie schon, wer das Rennen machte? Ich musste mich ganz schnell verabschieden, steckte noch die letzte Nadel in den Dutt und konnte das Treiben einfach nicht länger ertragen!«

»Mit der Kamera in der Hand, die perfekte Position schon gefunden, wartete ich sehnsüchtig darauf, dass durch die schwere Kirchentür gleich mein Paar erscheint. Mir wäre beinahe die Kinnlade runtergefallen, als ich das Brautpaar vor der Gesellschaft sah – eine komplette Trauergemeinde, bei der lediglich zwei Gäste nicht in Schwarz gekleidet waren. Trotz herrlichsten Frühlingswetters! Am Tag einer Hochzeit sollten wirklich nur Dienstleister Schwarz tragen. Es wirkte besonders skurril, weil alle lachten. Das Brautpaar war so wunderschön, in diesem Fall hätte sich der Hinweis auf den Einladungen gelohnt, auf Schwarz bei der Garderobe bitte zu verzichten!«

»Mit Reis oder Konfettikanonen zu gratulieren – sehr verhasst bei Betreibern und weder umweltfreundlich für die Vöglein noch schonend für die Kleidung. Selbst bei Seifenblasen ist eine gewisse Zurückhaltung angesagt, weil manches Bläschen nach dem Waschen sichtbare Flecken auf Stoffen nach sich ziehen kann. Bei Blütenblättern sollte man auf größere achten, die nicht das Kopfsteinpflaster verkleben.«

Es gibt immer Alternativen, die weder der Kleidung, der Natur noch dem Gemüt des Paares schaden!

Danke, dass Sie mir bis hierhin gefolgt sind.

Seien Sie aufgeregt, aber nicht panisch! Vertrauen Sie! Und denken Sie stets zuversichtlich und lassen Sie Panik erst gar nicht zu! Mögen Sie nun das beste Händchen haben, wenn Sie Dienstleister und Produkte buchen. Und seien Sie selbst das Paar, an das sich auch Ihre Dienstleister gern zurückerinnern!

Erst recht in schweren Zeiten. Und bitte vergessen Sie nicht: Das Leben ist nie gegen Sie! Bewerten Sie Unvorhergesehenes nicht als Strafe, sondern als Überraschung und Herausforderung. Und bitte verlieren Sie niemals Ihr Lächeln und Ihren Humor!

*PS: Sie merken schon, ich komme nicht von Ihnen los. Zwei letzte Fragen habe ich noch: Verbringen Sie die Nacht vor Ihrer Hochzeit eigentlich getrennt? Und gönnen Sie sich für die erste Nacht als Frischvermählte eine Hotelsuite? Wann auch immer Sie zurück nach Hause kommen, sollten Sie dort ein frisch bezogenes Bett vorfinden. Vielleicht Musik, Kerzen und Öl auf dem Nachttisch – ich verspreche Ihnen, es wird sich anders anfühlen als sonst. Genießen Sie es!*

# Gedanken und Wünsche
## einer Paarberaterin

*Wenn wir nur die guten Seiten eines Menschen mögen,*
*dann ist es nicht Liebe!*
(Thich Nhat Hanh)

*Liebe Hochzeitspaare,*

*wie schön, dass Sie sich füreinander entschieden haben! Liebe Conni, danke für ein wenig Platz in deinem wunderbaren Buch, um Paare mit ein paar Gedanken zu unterstützen, wenn sie einmal in unruhige Paarsituationen geraten sollten. Dass das immer wieder mal passieren kann und wird, kann ich nicht nur als Paartherapeutin, sondern auch als Partnerin/Ehefrau/Gattin versichern. Mein Mann und ich sind nun seit vierzig Jahren verheiratet – und wir haben nicht nur Glück gehabt! Es braucht – natürlich neben der Liebe zum anderen wie auch zu sich selbst – eine Menge Beziehungsarbeit, neben Kraft, Mut, Zuversicht, Rücksichtnahme, Toleranz, Achtung, Respekt, Achtsamkeit, einer guten Kommunikation und einer Menge Humor sowie Gelassenheit. All das gelingt an manchen Tagen besser als an anderen. Manchmal ist es leicht, und manchmal denkt man, es kaum aushalten zu können und den Partner vielleicht auch nicht. Das macht aber nichts – auch so ist das Beziehungsleben!*

*Erinnern Sie sich an die erste Zeit der Verliebtheit, in der alles so einfach war? Da scheint es doch nur logisch, dass wir mit der Erwartung oder auch Hoffnung in die Beziehung gehen, dass es genauso einfach bleibt. Doch nachdem sich alle Liebeshormone ein wenig normalisiert haben und die Schmetterlinge nicht mehr ganz so nah um einen herumflattern, wundern wir uns, wenn wir nicht sofort ein perfektes Beziehungsleben vorfinden. Dass der Partner tatsächlich doch »nur« ein sehr individueller Mensch mit Ecken und Kanten ist, der sogar eigene Wünsche und Bedürfnisse hat, die vielleicht gar nicht im Einklang mit den eigenen Wünschen stehen. Eine Paarbeziehung ist aber tatsächlich kein Wunschkonzert, vielmehr müssen die Partner erst einmal gemeinsam herausfinden und erarbeiten, in welche Richtung ihre Beziehungsreise überhaupt gehen soll; es gibt nämlich keine Gebrauchsanweisung für eine perfekte Partnerschaft! Es gibt auch keinen Plan, auf dem geschrieben steht, in welche Richtung man zu gehen hat, damit es nur harmonisch und schön und erfüllend und überhaupt ganz wunderbar wird.*

*Vermutlich haben Sie im Laufe Ihres Beziehungs-Seins auch schon die eine oder andere Hürde genommen und hat auch Ihr Beziehungsfundament den einen oder anderen kleinen Riss bekommen? Das macht überhaupt nichts! Es wäre fast komisch, wenn dem nicht so wäre. Trotzdem ist es sinnvoll, sich das Beziehungsfundament immer wieder anzuschauen, ob es da eventuell etwas zu stabilisieren gibt.*

*Ich vergleiche die Arbeit mit meinen Paaren gerne mit der wunderbaren japanischen Tradition Kintsugi. In Japan ist es üblich, etwas Wertvolles, das kaputtgegangen ist, nicht wegzuschmeißen, sondern die Bruchstellen mit Gold zu reparieren – um hinterher feststellen zu können, dass das wertvolle Stück zwar repariert, aber trotzdem wunderschön aussieht! Es sieht anders aus als zuvor, es gibt »goldene Narben«, die das Ganze sogar noch ein wenig wertvoller machen. In Bezug auf die Situation der Paare in meiner Praxis gibt es Parallelen. Beide können die Risse in ihrem Beziehungsfundament mit »Gold füllen«, damit es wieder stabiler und vielleicht auch etwas schöner wird. Dazu brauchen Sie zwar nicht unbedingt einen Therapeuten – es reicht aus, achtsam mit sich und dem Partner zu sein. Anzusprechen, wenn es kneift, stört, schmerzt, wehtut oder einfach nur nervt.*

*Und ohne jetzt den Teufel an die Wand malen zu wollen – seien wir realistisch: Es gibt mehrere Lebens- und Liebesphasen, die für eine Beziehung »gefährlich« oder anstrengend sein können. Nach der beschriebenen Erkenntnis, tatsächlich einen »normalen« Menschen zu lieben, kommt vielleicht das erste Kind, und die Paarbeziehung wird durch die neue Elternrolle in den Hintergrund gerückt. Viele Paare vergessen, aufgrund der neuen Situation als Eltern, weiterhin ein Paar zu bleiben. Das neue Leben mit Kind ist anstrengend – und wenn außer Anstrengung sonst gar nichts mehr passiert, wenn eigene Bedürfnisse nicht mehr erfüllt werden, man sich vom anderen vielleicht nicht mehr wahrgenommen fühlt, wenn aus Überforderung heraus Ansprüche geltend gemacht werden und Schuldzuweisungen vorkommen, dann kann so eine Beziehung schon mal ins Schwanken geraten.*

*Aber auch Ereignisse, die uns das Leben vor die Füße wirft: Krankheiten, Todesfälle, Arbeitslosigkeit, finanzielle Probleme, Außenbeziehungen, Jobwechsel, Umzüge usw. können uns und die Beziehung durcheinanderwirbeln.*

*All das, was das Leben – auch das Beziehungsleben – uns ab-*

*ringt, kann kräftezehrend, doch auch sehr spannend und herausfordernd sein. Und manchmal braucht der eine in der Beziehung etwas mehr Unterstützung, Zuwendung, Verständnis und Liebe als der andere. Aber manchmal geht es beiden auch ähnlich, und das kann fürchterlich anstrengend sein. Da hat es wenig Sinn, sich gegenseitig etwas vorzuwerfen, sondern zu erkennen: Wir sind mit unseren Wünschen und Bedürfnissen gar nicht so weit voneinander entfernt – und es verbindet uns gerade! Wie können wir uns gegenseitig unterstützen, anstatt uns unser Sein vorzuwerfen? Wie können wir für uns, aber auch für den anderen Verständnis entwickeln und gemeinsam eine gute Lösung finden? Oder: Wie können wir uns in unserer Gegenseitigkeit einfach nur mal aushalten?*

*Machen Sie sich aber jetzt keine zu großen Sorgen! Das gehört auch zum Leben! Das Gute ist, Sie können achtsam sein. Sie können immer wieder neu entscheiden, wie Sie sich in anstrengenden Phasen begegnen und verhalten wollen. Und ich bin überzeugt, dass Sie bereits eine Menge richtig gut machen und gemacht haben und Sie beide im Rahmen Ihrer Möglichkeiten immer Ihr Bestes geben!*

*Okay, manchmal reicht das nicht, doch wenn dem so ist, dann klären Sie das! Reden Sie miteinander! Sagen Sie, was Sie wollen, brauchen und sich wünschen!*

*Aus meiner Sicht und Erfahrung kann eine Beziehung, die (wodurch auch immer) »beschädigt« wurde, wieder »heil« werden – solange beide Partner es wollen und bereit sind, ihre Beziehung zu verbessern! Das bedeutet unter anderem anzuerkennen, dass beide ihren Anteil daran haben, was zwischen ihnen unrund oder schwer gewesen ist. Dass beide herausfinden, was sie gemeinsam, aber auch jeder Einzelne bereit ist, für die Bezie-*

*hung zu tun, damit es wieder besser, leichter, schöner werden kann – ein Prozess, der aber seine Zeit braucht!*

*Ein Bild dazu: Alte Verhaltensmuster, die einem das Leben schwer machen können, sind ein bisschen wie Autobahn fahren. Man muss nicht mehr nachdenken, irgendwie geht alles wie von selbst und auch oft in die gleiche Richtung. Wenn beide Partner merken, dass alte Muster anstrengend und schwierig sind, sie überlegen, etwas anders zu machen, dann fühlt sich das oft wie eine Reise ohne Navi und ohne Licht ins Abenteuerland an. Man kennt den Weg noch nicht und fährt wiederholt durch ein Schlagloch oder landet in einer Sackgasse. Es braucht also neue Wege, um zum Ziel zu kommen. Und daher ist es richtig, sich gegenseitig zu unterstützen, um gemeinsam den passenden Weg zu finden, statt sich vorzuwerfen, schon wieder falsch abgebogen zu sein.*

*Und auch wenn beide sich viel Mühe geben, klappt es manchmal doch nicht so gut, wie sie es sich vorgestellt haben – aber auch dann nützen Vorwürfe und Schuldzuweisungen nichts! Also: Wenn das, was jetzt ist, nicht mehr passt, zu schmerzhaft oder zu anstrengend ist, was können Sie tun, damit es anders, besser, leichter wird?*

*Ich empfehle, achtsam zu sein! Großzügig! Humorvoll! Nehmen Sie nicht alles als selbstverständlich hin. Sagen Sie gerne öfter mal Danke. Auch für etwas, das in Ihren Augen doch »normal« ist. Rechnen Sie nicht auf: wie du mir ... oder wenn du nicht, dann ich erst recht nicht. Legen Sie den Fokus in die Richtung, die – und wenn gerade auch nur noch ein bisschen – gut ist, anstatt zu schauen, wo es nicht so ist, wie Sie es erwarten.*

*Seien Sie klar in Ihrer Kommunikation! Sagen Sie, was Sie wollen, statt was Sie nicht wollen – das führt doch nur zu Miss-*

verständnissen. Und nehmen Sie auch sich selbst an, so wie Sie sind! Erkennen Sie an, dass auch Sie nur ein Mensch sind, dass auch Sie nicht perfekt sind! Versuchen Sie, sich Ihre eigene »Unvollkommenheit« zu verzeihen, und ändern Sie, was Ihnen nicht gefällt.

Und am besten erwarten Sie nichts von Ihrem Partner, was Sie nicht auch selbst geben können oder wollen. Hoffen Sie nicht darauf, dass sich das, was Sie stört, irgendwann von ganz alleine auswächst. Das Einzige, was passieren wird, ist, dass Sie Ihr (Beziehungs-)Leben lang aneinander vorbeihoffen – was verständlicherweise Frust, Enttäuschung, Missverständnisse und Stress bereitet!

Deshalb ist es klug, bei sich zu bleiben und erst einmal auch für sich selbst herauszufinden, worum es Ihnen gerade wirklich geht: Was ist denn Ihr Bedürfnis? Was ist Ihr Wunsch? Und genau das dann dem Partner auch zu kommunizieren!

Ich erlebe immer wieder, dass die Wünsche des anderen immer gerne erfüllt werden, solange sie klar und ohne Vorwurf formuliert werden. Beispiel: Wenn ich mir mehr gemeinsame Zeit mit meinem Partner wünsche, ist es vernünftig, das auch genau so zu sagen: Ich möchte gerne mehr Zeit mit dir verbringen, ich habe Lust, mal wieder dieses oder jenes mit dir zu machen. Wenn ich kommuniziere: Du hast ja nie Zeit für mich, immer kümmerst du dich nur um andere, muss ich damit rechnen, einen Gegenvorwurf statt einer Wunscherfüllung zu »kassieren«. Ich habe es also selbst ein bisschen in der Hand, ob meine Wünsche erfüllt werden.

»Und wenn es dann aber doch mal passiert, wenn es dann aber doch mal so richtig schwer wird?« Dann geraten Sie nicht gleich in Panik und stellen die Beziehung infrage!

*Gegenseitige Verletzungen in einer Beziehung passieren und sind oft nicht beabsichtigt. Nur manchmal: Wenn wir uns rächen möchten zum Beispiel. Wenn der Partner eine Bemerkung macht, etwas tut oder unterlässt, was den anderen kränkt. Vielleicht folgt eine kurze Entschuldigung oder Rechtfertigung, vielleicht auch eine Gegenreaktion, die aber alles noch ein wenig schwerer macht.*

*Und dann reicht manchmal eine einfache Entschuldigung nicht aus. Allerdings muss ich den anderen wissen lassen, was genau mich verletzt hat. Entschuldigt sich der Partner, muss ich entscheiden, ob ich die Entschuldigung auch annehmen und ob ich verzeihen kann. Es hat kaum Sinn zu sagen, dass alles wieder okay ist, wenn es – aus welchem Grund auch immer – gar nicht stimmt und ich dem Partner in passenden Momenten dieselben Vergehen immer wieder vorwerfe. Ebenso wichtig ist es anzuerkennen, wenn dieselben Themen immer wieder angesprochen werden, dass immer auch ein Grund dafür vorliegt. Wäre die Verletzung nämlich verheilt, wäre sie kein Thema mehr!*

*Was hilft? Sich dem anderen zuzumuten, zu sagen, was immer noch schmerzt und was bei der Heilung helfen könnte. Doch auch wenn Sie nicht nachvollziehen können, warum der Partner mit genau dem Thema, das für Sie vielleicht schon keines mehr ist, kämpft – Sie müssen es nicht verstehen, doch versuchen Sie anzuerkennen, dass es so ist! Verletzungen müssen ebenso anerkannt werden, um heilen zu können, wie man Entscheidungen treffen muss, um zu verzeihen!*

*Vielleicht denken Sie, ich habe gut reden, ich kenne Ihren Partner nicht und weiß doch gar nicht, wie er/sie mich auf die Palme bringen kann. Wie verletzend er/sie sein kann, wie verzweifelt,* wütend, traurig Sie sich fühlen. Was Sie schon alles versucht und getan haben. Da haben Sie recht!

Ich weiß aber, dass alles, was wir fühlen, uns ganz allein gehört. Es ist meine Wut, meine Verzweiflung, meine Trauer etc. Und kein Mensch auf der Welt hat die Macht über mich, mir schlechte Gefühle zu bereiten! Allerdings werden wir in bestimmten Situationen immer wieder getriggert. Und wir triggern den Partner auch. Wenn wir also bewusst oder unbewusst die wunden Punkte des anderen berühren – durch einen Blick, ein Wort oder manchmal sogar nur durch ein Atmen –, dann gibt es – in einem Bruchteil von Sekunden – ein entsprechendes Gefühl dazu. Da wir aber oft nicht wissen, dass sich da gerade ein altes, abgespeichertes Gefühl in uns meldet, bringen wir dieses Gefühl (logischerweise) mit dem aktuellen Geschehen in Verbindung. Die logische Folgerung: Hättest du das nicht gesagt oder getan, würde es mir jetzt nicht so schlecht gehen. Du bist schuld! Also mach du es auch wieder gut! Dummerweise weiß der Partner aber oft gar nicht, was für eine Hölle in uns tobt, er bekommt nur unsere Reaktion zu spüren. Und je nach momentaner Verfassung des anderen gibt es einen Gegenvorwurf, ein »wie du mir, so ich dir«, ein » du bist ja auch nicht besser« – was für ein Dilemma!

Es ist wichtig anzuerkennen, dass die von uns so ungeliebten negativen Emotionen, die uns so kalt erwischen können, ebenso zu uns gehören wie die positiven, die guten Gefühle. Und auch wenn wir es noch so sehr wünschen, nicht nur der Partner, sondern auch wir sind nicht nur toll, wir können nämlich tatsächlich das komplette Gegenteil sein!

Wenn wir anerkennen, dass es uns nur als Ganzes gibt und die einen Gefühlszustände nicht ohne die anderen, dass es zum

Menschsein dazugehört, unterschiedliche Emotionen zu haben, die alle ihre Daseinsberechtigung haben, und dass sie nicht dazu da sind, um uns zu schaden, sondern uns vielmehr auf eine positive Absicht hinweisen wollen, dann werden wir lernen, uns sicherer mit und in uns zu fühlen.

Manche fragen sich jetzt sicher, wie ein Gefühl, zum Beispiel eine Wut, eine positive Absicht haben kann? Wer will denn so was spüren? Das ist doch manchmal so schlimm, dass man es kaum aushalten kann. Und dann noch die Reaktion der anderen! Da ist es doch nur logisch, etwas dagegen zu tun!

Ein logischer und nachvollziehbarer Gedanke. Probieren Sie es aber trotzdem einmal aus, wenn Sie das nächste Mal richtig wütend werden. Halten Sie kurz inne, und überlegen Sie, in welcher Situation Sie gerade sind, was gerade Ihr Bedürfnis ist, was Sie jetzt wirklich brauchen, damit es Ihnen gut geht. Vielleicht fühlen Sie sich gerade überfordert, ausgenutzt, kaputt oder müde – dann wäre es die »positive Absicht« Ihrer Wut, darauf aufmerksam zu machen, einmal innezuhalten und zu schauen, was Ihnen jetzt gerade guttäte. Vielleicht nur Ruhe? Unterstützung? Eine Umarmung und Verständnis?

Also, wenn wir anerkennen, dass wir die Verantwortung für uns und unser Leben haben, dann haben wir auch den Mut, uns dem anderen mit unseren Gefühlen und auch unseren Bedürfnissen mitzuteilen. Und dann können wir einen Streit zwar als kurzfristiges Beziehungstief erleben, doch ist es durchaus möglich, damit umzugehen, ohne sich oder die Beziehung infrage stellen zu müssen! Lernen Sie also Ihre eigenen Schmerzpunkte, Gefühle, Bedürfnisse kennen, um sich selbst viel besser zu verstehen und liebevoller mit sich umzugehen, aber auch, um mit dem Partner in Kontakt zu kommen.

*Und kommt es dann doch einmal zu einem flotten Streit, achten Sie bitte auf den richtigen Ort und den passenden Zeitpunkt, um Ihr Problem zu lösen. Warum? Weil es tatsächlich Zeit, Ruhe und am besten auch Nähe braucht, um ein Problem lösen zu können. Mal eben zwischen Tür und Angel oder kurz bevor der Partner einen wichtigen Termin hat noch schnell »ein Fass aufzumachen«, geht meistens nur nach hinten los. Manchmal sind die Partner aber auch so unterschiedlich in ihrer Persönlichkeit. Der eine muss alles sofort besprechen und lösen, während der andere Zeit zum Nachdenken braucht. Wenn beide aber nicht achtsam sind und die Bedürfnisse des anderen nicht kennen, befinden sich beide im Verfolgungs- oder Fluchtmodus. Das verursacht noch mehr Stress, und es ist fast unmöglich, ein Problem zu lösen. Ebenso sollte es Tabuzonen für Streitereien geben. Etwa das Schlafzimmer – der Ort, der für Nähe und Ruhe steht. Der beste Zeitpunkt, um Probleme zu lösen, ist übrigens der, wenn sich beide gerade sehr nahe sind, denn dann sind sie besonders aufnahme- und kompromissbereit. Viele denken jetzt sicher: Aber wenn es gerade so gemütlich ist, will ich die gute Stimmung nicht kaputt machen! Verständlich, doch vielleicht probieren Sie es einmal (anders) aus! Übrigens: Nur über die Probleme zu reden, löst sie noch nicht! Überlegen Sie gemeinsam: Was wollen wir in einer vielleicht ähnlichen Situation in Zukunft anders machen? Wie können wir uns gegenseitig in schweren Momenten unterstützen? Wie uns aushalten, wenn es anstrengend ist?*

*Also, liebe Paare,*

*haben Sie es fein miteinander. Und leicht und schön. Seien Sie achtsam. Nicht nur sich selbst gegenüber, sondern auch dem anderen. Reden Sie miteinander. Fürchten Sie nicht, den ande-*

ren mit Ihrem Problem oder Ihren Bedürfnissen und Wünschen zu belästigen. Haben Sie keine Angst vor der Reaktion des Partners. Er darf eine andere Meinung, Sicht auf die Dinge, Lösung haben. Halten Sie sich gegenseitig aus, auch wenn Sie unterschiedliche Bedürfnisse haben, das gehört zum Beziehungsleben dazu, und aus diesem Grund sind Kompromisse erfunden worden. Muten Sie es sich zu, wenn es etwas gibt, was Sie beschäftigt und belastet. Denken Sie daran: Es geht grundsätzlich nicht um richtig oder falsch, schuld oder nicht schuld. Sie können nicht in den Kopf des anderen gucken, Sie können nur vermuten. Also sprechen Sie Ihre Vermutungen aus, anstatt in Ihrem Kopf Ihre Wahrheit zu kreieren, die mit der Realität des anderen nicht wirklich etwas zu tun hat. Denken Sie daran, Sie können die Vergangenheit nicht ändern, besitzen aber auch keine Glaskugel, um in die Zukunft zu schauen. Lösen Sie Ihre Probleme, doch anstatt nur darüber zu reden, was nicht geklappt hat, richten Sie den Fokus immer wieder in die Richtung, was trotz der Probleme noch gut (und wenn es nur ein bisschen) ist. Und vergessen Sie auf keinen Fall Ihren Humor!

Ich wünsche Ihnen von ganzem Herzen ein ganz wunderbares und spannendes Beziehungsleben!

Herzlichst
Angelika Kaddik

Angelika Kaddik ist seit 1978 verheiratet. Sie führt seit 2005 eine eigene Praxis für heilkundliche Psychotherapie, Paarberatung und Coaching in Potsdam, 2013 eröffnete sie eine zweite Praxis in Hamburg. Weitere Informationen finden Sie unter www.angelika-kaddik.de.

# Zu guter Letzt

Die nächsten Pannen werden kommen, doch eines ist sicher: Keine einzige wird Sie davon abhalten, am Ende verheiratet zu sein! Und wenn das Essen nicht schmeckt, Ihre Mutter Ihnen das Brautkleid madig macht und beim Feiern der Schleier reißt – die beste Medizin ist: Brust raus, Krone auf, Mundwinkel hoch!

Und jetzt denken Sie an Ihr Versprechen, das Highlight jeder Zeremonie! Denken Sie an den Moment, an dem Sie sich die Ringe aufstecken (der Mann voran). Genießen Sie die Aufregung, und vergessen Sie nicht: Sie können nichts falsch machen!

Vergessen Sie bitte nicht, dass Ihnen die Traurednerin ihre Rede aushändigt! Und träumen Sie von Ihrer Hochzeitsnacht, und falls Sie die nicht im Hotel verbringen, dann zaubern Sie aus Ihrem Schlafzimmer ein kleines Paradies.

Ich wünsche Ihnen, dass Sie das ganz große Los gezogen haben! Und dass Ihr Partner immer zu Ihnen steht und besonders dann Rückgrat zeigt, wenn Sie sich von seiner Familie nicht angenommen fühlen.

Und mir wünsche ich, dass während einer Trauung niemals meine Kontaktlinsen verrutschen oder mich eine Biene sticht! Doch wenn das einmal passieren sollte, dann habe ich bestimmt einen Plan B und betäube mich mit einem Dauergrinsen! Wir sind schließlich alle nur Menschen mit Herz und Verstand!

*Ihre Constanze Köpp*